なるほど
なっとく

宗の信心を学ぶ ——

Q＆A

①

なるほどなっとく Q&A　もくじ

凡　例

1、本書は、『妙教』誌に掲載された「なるほどなっとくQ＆A」を抄録したもので、適宜に加筆しました。

2、難解な引用文には、できるかぎり通釈を加えました。

3、本文中に用いた文献の略称は、次の通りです。

御　　書 ― 平成新編日蓮大聖人御書（大石寺版）
法 華 経 ― 新編妙法蓮華経並開結（大石寺版）
六 巻 抄 ― 日寛上人六巻抄（大石寺版）

Q. 修行《しゅぎょう》ってな〜に？

A 仏《ほとけ》さまの教《おし》えを実践《じっせん》することです

仏《ほとけ》さまは私《わたし》たちに対《たい》し、悩《なや》みや苦しみを解決《かいけつ》し、成仏《じょうぶつ》（本当の幸《しあわ》せ）を得《え》させるために「教《おし》え」を説《と》かれました。

しかし、教えだけがあっても、幸せにはなれません。

総本山《そうほんざん》第二十六世日寛上人《にちかんしょうにん》さまは、

「お釈迦《しゃか》さまが、教えを説かれたのは、すべての人々《ひとびと》に修行《しゅぎょう》をさせるためである」
（当流行事抄《とうりゅうぎょうじしょう》・六巻抄《ろっかんしょう》一六一㌻取意《しゅい》）
とご指南《しなん》です。

つまり、仏さまの教えを実践《じっせん》すること、修行をすることによって、はじめて功徳《くどく》を積《つ》むことができ、実際《じっさい》に幸福《こうふく》になっていけるのです。

御法主日如上人猊下《ごほっすにちにょしょうにんげいか》さまは「信心は頭のなかだけで考えるものではなく、実際におこなうことこそが大切である」と、私たちをはげましてくださっています。

自行《じぎょう》と化他行《けたぎょう》

仏道《ぶつどう》修行には、自行《じぎょう》（自分のための修行）と化他行《けたぎょう》（他の人を大聖人《だいしょうにん》さまの教《おし》えに導《みちび》く修行）があります。

自行には、勤行《ごんぎょう》・唱題《しょうだい》、登山《とざん》などがあります。なかでも、勤行は毎日おこなう修行です。

勤行は、朝と夕、御本尊《ごほんぞん》さまに向《む》かってお経《きょう》を読み、お題目《だいもく》を唱えます。

みなさんのなかには、勤行が苦手《にがて》という人がいるかもしれません。しかし、勤行を毎日おこなっていけば、願いはかならず、かなう

ようになります。

「桃《もも》や栗《くり》は三年で実《み》をつけ、柿《かき》は八年かかる」という言葉があるように、個人個人の業《ごう》（過去《かこ》から積んだ善悪《ぜんあく》のおこない）などによって、結果《けっか》が現《あらわ》れるまでの時間に長短《ちょうたん》はありますが、御本尊さまを固《かた》く信じて勤行にはげみ、信心の歩《あゆ》みをすすめていきましょう。

次《つぎ》に、化他行の大事な修行に折伏《しゃくぶく》があります。

折伏とは、ほかの宗教《しゅうきょう》を信じている人に、「あなたの信じている教えは間違《まちが》っています。正しい教えは大聖人さまの教えだけです。一緒《いっしょ》に信心をして、幸せになりましょう」と、勇気《ゆうき》をもって話してあげることです。

また、信心に無関心《むかんしん》な人に、大聖人さまの教えを伝えていくことも折伏になります。

正しい信仰《しんこう》には、祈《いの》りがかならずかなうだけではなく、次のような功徳がそなわることも教えてあげましょう。

① 広く正しい考え方や生き方ができる
② 健《すこ》やかな心とからだを持つ人になれる
③ コツコツと努力《どりょく》ができるようになる
④ 感謝《かんしゃ》の心・思いやりの心が養《やしな》われる
⑤ 日々、仏さまに守られた生活ができる

などがあります。

折伏はむずかしいと思うかもしれませんが、何も心配《しんぱい》することはありません。

御法主上人猊下さまは、

「折伏の前に唱題をするのです。しっかりと

たいせつなポイント　折伏

折伏は、相手のあやまった考えを捨《す》てさせて正しい信仰《しんこう》に導《みちび》くこと。

大聖人さまは「人の足もとを照《て》らしてあげると、自分の足もとも明るくなる」と教えられています。

つまり、人を救《すく》うことは、自分を救うことにもなるのです。

お題目を唱《とな》えて、その唱題の功徳と歓喜《かんき》をもって折伏に行ってごらんなさい。自然《しぜん》に私達《わたしたち》の真心《まごころ》が相手に伝わります」（大日蓮・平成二九年四月号）

とご指南されています。私たちはまず、しっかりと唱題をして、折伏を実践しましょう。

大聖人さまは、お題目について、

「日蓮が唱える題目は、自行と化他にわたる南無妙《なんみょう》法蓮華経《ほうれんげきょう》である」

（三大秘法抄《さんだいひほうしょう》・御書一五九四ページ取意）

と仰《おお》せられています。

つまり、大聖人さまが唱えられたお題目は、自分だけではなく、まわりの人を救《すく》うためのお題目なのです。

ですから、私たちが家庭《かてい》の御本尊さまに向かって勤

行・唱題していても、折伏をしなかったならば、本当の意味《いみ》で大聖人さまの仏法を修行していることにはなりません。

私たちは勤行・唱題をきちんとおこなうとともに、まわりのお友だちにも、勇気をもって「一緒に信心しよう」と声をかけていきましょう。

大聖人さまは、私たちに対して、

「日蓮の弟子《でし》は臆病《おくびょう》ではいけない」

（教行証御書《きょうぎょうしょうごしょ》・同一一〇九ジ⁻取意）

と仰せられて、強くはげましてくださっています。

自行と化他がそろった修行にこそ、大きな功徳がそなわることを、くれぐれも忘《わす》れないようにしましょうね。

Q. どうして勤行《ごんぎょう》するの？

A 御本尊《ごほんぞん》さまへの感謝《かんしゃ》と願《ねが》いごとをかなえるためです

勤行《ごんぎょう》には、どのような意《い》義《ぎ》があるのでしょうか。

総本山《そうほんざん》第六十七世日顕上人《にっけんしょうにん》さまは、

「御本尊様に向かって合掌《がっしょう》し、読経《どきょう》・唱題《しょうだい》するという勤行の姿《すがた》に、一切《いっさい》の行《ぎょう》がそこに束《つか》ねられておるのであるが、また、その心は日常《にちじょう》の行住坐臥《ぎょうじゅうざが》のなかに色々と表《あらわ》れてくるのです」

（大日蓮・平成六年九月号）

と指南《しなん》されています。つまり、勤行には仏道修行《ぶつどうしゅぎょう》のすべての意義がおさまっており、勤行をしているときの一念、その思いが日常生活の上に形《かたち》となってあらわれてくるということです。ですから、私たちは毎日《まいにち》、真心《まごころ》込《こ》めて勤行をおこなうことが大事なのです。

勤行を正しくおこなって幸《しあわ》せに

私たちが無事《ぶじ》に毎日を過《す》ごすことができるのは、御本尊さまが守ってくださるおかげです。このことに感謝《かんしゃ》し、

御本尊さまの偉大《いだい》なお力とお徳《とく》をたたえるために勤行をします。

また勤行は、御本尊さまに願《ねが》いごとをしたり、亡《な》くなった方を供養《くよう》するためにもおこないます。

そこで、みなさんが勤行を正しくおこなって幸《しあわ》せになるために、心がけてもらいたい三つの約束《やくそく》ごとをお話ししたいと思います。

①　大御本尊さまと御法主上人猊下《ごほっすしょうにんげいか》さまを根本《こんぽん》に

さまざまな災害《さいがい》をはじめ、ひとりひとりの苦しみや悩《なや》みをすべて解決《かいけつ》し、人々を本当に救《すく》ってくださるのは、御本仏《ごほんぶつ》である日蓮大聖人《にちれんだいしょうにん》さまおひとりです。その大聖人さまのお命は、今、本門戒壇《ほんもんかいだん》の大御本尊さまとして総本山大石寺の奉安堂《ほうあんどう》にいらっしゃいます。

大御本尊さまと各家庭《かくかてい》の御本尊さまとの関係について、第六十六世日達《にったつ》上人さまは、次《つぎ》のように指南されています。

「ご信徒《しんと》の家庭にご安置《あんち》する御本尊さまは、歴代《れきだい》の御法主《ごほっす》上人《しょうにん》が本門戒壇の大御本尊さまをお写《うつ》し申し上げ、授与《じゅよ》されるのですから、その御本尊さまのご安置の場所がどこであれ、（中略）その御本尊さまに向《む》かって一心《いっしん》に唱《とな》えるお題目は、ただちに本門戒壇の大御本尊さまに納《おさ》まり、即身成仏《そくしんじょうぶつ》という大功徳《だいくどく》がそなわるのであります」

（日達上人全集《ぜんしゅう》二―一―四四九ページ取意）

このご指南のとおり、私たちが家庭の御本尊さまに手を合わせることは、ただちに本門戒壇の大御本尊さまに通じていくことになるのです。

また、大聖人さまの仏法のすべてを受《う》け継《つ》がれ、私たちを成仏《じょうぶつ》に導《みちび》いてくださるのが、御法主上人猊下《げいか》さまです。私たちは、猊下さまのご指南のままに信心修行することを忘《わす》れてはなりません。そのことを、大聖人さまは『百六箇抄《ひゃくろっかしょう》』に、

「弟子《でし》檀那《だんな》は、血脈《けちみゃく》付法《ふほう》の日興《にっこう》より相承《そうじょう》を受けた歴代の上人を、日蓮が生きている時のように仰《あお》ぐべきである」（御書一七〇二ペ一ジ取意）

と仰《おお》せられています。したがって、この大聖人さま以来《いらい》の唯授一人《ゆいじゅいちにん》の血脈を尊《とうと》び、猊下さまのご指南のとおりに信心修行にはげむところに「信心の血脈」が流れ、大功

徳がそなわるのです。

② 勤行の時間をきめよう

御法主日如《にちにょ》上人猊下さまは、

「勤行とは時間を決《き》めて行《おこな》うもので、日によって勤行の時間が異《こと》なるというのではなくして、勤行の時間を決めて毎日、欠《か》かさずに行うことが必要《ひつよう》であります」

（大日蓮・平成二二年九月号）

と指南されています。私たちは、きちんと勤行の時間をきめて、家族そろって実践《じっせん》しましょうね。

また、たとえ塾《じゅく》や部活動《ぶかつどう》で遅《おそ》くなったとし

ても、帰《き》宅《たく》をしたら、まず夕勤行をするように、心がけてください。

③ 正しい姿勢《しせい》と元気《げんき》な声、そして感謝の気持ちで

勤行の正しい姿勢は、御本尊さまの前で正座《せいざ》をして背《せ》筋《すじ》を伸《の》ばし、両手にお数珠《じゅず》をかけて、胸《むね》の前で合掌します。目は御本尊さまの「妙《みょう》」のお文字を中心に拝《はい》します。また、お経《きょう》を読む時はお経本《きょうぼん》をしっかり見て、元気《げんき》な声で、はっきりと発音《はつおん》しましょう。

さらに、勤行は御本尊さまに対して、朝は「おはようございます。今日も一日、よろしくお願いいたします」、夕方は「ありがとうございました。明日もがんばります」という気持ちでおこないましょう。

「継続《けいぞく》は力なり」というように、毎日かかさず勤行をおこなうことが大切です。がんばれば、その分《ぶん》だけ大きな力をいただくことができます。

勉強やスポーツにおいても、勤行をしっかりとすることによって、御本尊さまの功徳をいただき、自分の持っている力を思う存分《ぞんぶん》、発揮《はっき》できるようになります。

何《なに》ごとも、まず勤行・唱題をきちんとおこなうことが肝心《かんじん》なのです。

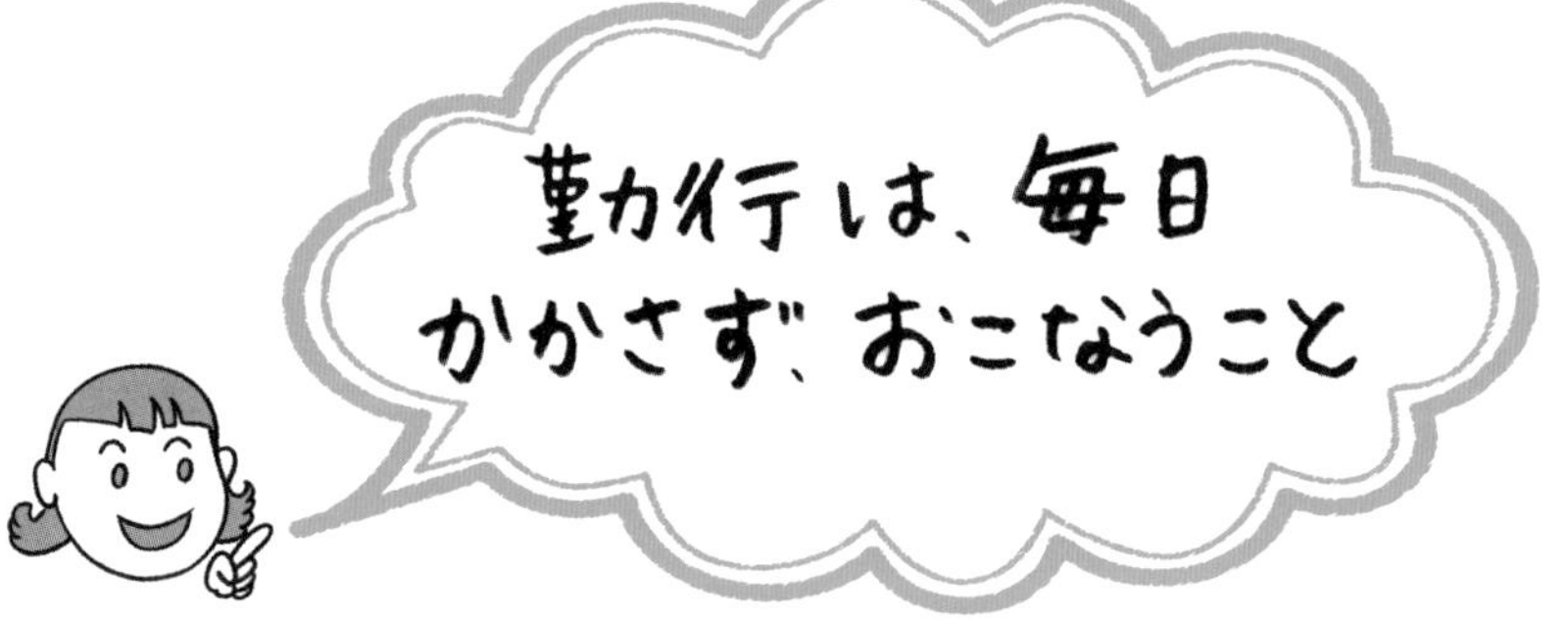

Q. なぜ、お題目《だいもく》を唱《とな》えるの？

A 幸《しあわ》せになるための大切《たいせつ》な修行《しゅぎょう》だからです

仏法《ぶっぽう》では、成仏することを目指《めざ》しています。成仏とは、本当の幸《しあわ》せのことです。

日蓮大聖人《にちれんだいしょうにん》さまは、

「南無《なん》妙法《みょうほう》蓮華《れんげ》経《きょう》とばかり唱《とな》えて、成仏することがもっとも大切《たいせつ》である」
（日女御前御返事《にちにょごぜんごへんじ》・御書《ごしょ》一三八八ページ取意《しゅい》）

と仰《おお》せです。つまり、私たちが本当の幸せを得《え》るためには、唱題《しょうだい》がもっとも大切な修行《しゅぎょう》なのです。

御本尊《ごほんぞん》さまを信じて唱題すれば、仏《ほとけ》さま（大聖人さま）のお力である「仏力《ぶつりき》」と、妙法《みょうほう》（御本尊さま）のお力である「法力《ほうりき》」、そして私たちが御本尊さまを信じる「信力《しんりき》」、自行化他《じぎょうけた》の唱題をする「行力《ぎょうりき》」、この四つの力（妙法の四力《しりき》）が一つになって、大きな功徳《くどく》がそなわるのです。

このうちの「仏力」と「法力」は、ともに御本尊さまの偉大《いだい》なお力としてすでにそなわっていますが、私たちの「信力」「行力」は、つい御本尊さまを疑《うたが》ってみたり、勤行《ごんぎょう》・唱題をサボってしまったりとたよりないものです。

おぼえたい ことば

仏力《ぶつりき》（仏様《ほとけさま》の力）
法力《ほうりき》（妙法《みょうほう》の力）
信力《しんりき》（信《しん》じる力）
行力《ぎょうりき》（修行《しゅぎょう》の力）
→ 妙法《みょうほう》の四力《しりき》

御法主日如上人猊下《ごほっすにちにょしょうにんげいか》さまは、

「既《すで》に仏力・法力は全《まった》く疑う余地《よち》がありません。四力成就《じょうじゅ》のいかんは、結局《けっきょく》は私達《わたしたち》の信力と行力とによるのであります。だから、強盛《ごうじょう》に信力を出《い》だし、行力を出だし、自行化他の信心に励《はげ》むところに、すべての功徳《くどく》が集《あつ》まるのであります」

（大白法《だいびゃくほう》・平成二五年五月一日号）

と指南《しなん》されています。

このように、私たちの信力・行力が強《つよ》ければ強いほど大きな功徳がいただけるのですから、どこまでも強い信心《しんじん》で、自行化他の修行にはげむことが大事です。

唱題の功徳

大聖人さまは、

「南無妙法蓮華経と唱えるならば、あらゆる罪《ざい》障《しょう》を消《け》すことができ、すべての幸《さいわ》いを得《え》ることができる」（聖愚問答抄《しょうぐもんどうしょう》・同四〇六㌻取意）

と仰せです。つまり、唱題によって過去世《かこせ》（自分が生まれる前）からの罪障が消《き》えて、かならず幸せになれるのですから、御本尊さまを固《かた》く信じて唱題にはげみましょう。

また、

「毎朝《まいあさ》仏《ほとけ》とともに起《お》き、毎晩《まいばん》仏とともにやすむ」

むずかしい仏教用語　**罪障《ざいしょう》**

過去《かこ》の悪いおこないが罪《つみ》となって命《いのち》に刻《きざ》まれ、成仏《じょうぶつ》や修行《しゅぎょう》のさまたげになること。不幸のもと。

（御義口伝《おんぎくでん》・同一七四九ページ取意）

とあります。つまり、いつも御本尊さまとともにある生活《せいかつ》をおくることが大切なのです。

みなさんは、これから成長《せいちょう》するなかで、勉強《べんきょう》のことや友だちとの関係《かんけい》など、たくさんの悩《なや》みが出てくることでしょう。しかし毎日、真剣《しんけん》に唱題をすれば、かならずその悩《なや》みを解決《かいけつ》することができます。ですから、日々《ひび》の勤行と唱題を、きちんとおこないましょう。

心をひとつに声を合わせて

大聖人さまは、私たちに異体同心《いたいどうしん》の大事を教《おし》えられて

います。異体同心とは、信心《しんじん》をする仲間《なかま》が心をひとつにすることです。

その意味《いみ》からも、お寺《てら》のご住職《じゅうしょく》や、信心の仲間たちと声を合わせ、心をひとつにしてお題目を唱えることが、とても大切となります。

もしも「家《いえ》で唱題しているから、お寺にはいかなくてもよい」と考《かんが》えている人がいたなら、それは大きな心得《こころえ》ちがいです。

これからも、おたがいに声をかけ合いながらお寺に参詣《さんけい》して、ご住職《じゅうしょく》の声《こえ》に合わせてしっかり唱題をしましょう。

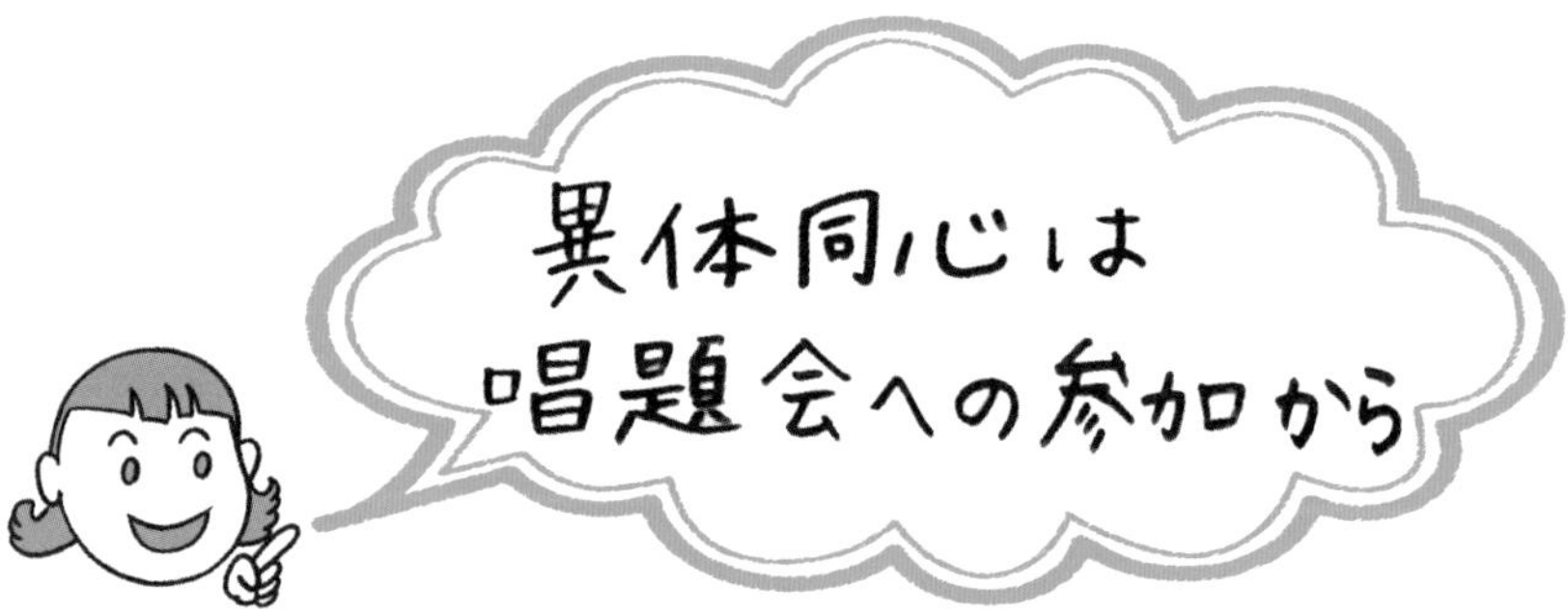

Q. お数珠《じゅず》はどうしてもつの？

A 信心修行《しんじんしゅぎょう》を助《たす》ける大切な法具《ほうぐ》だからです

総本山《そうほんざん》第二十六世日寛上人《にちかんしょうにん》さまは、

「数珠《じゅず》は、末法《まっぽう》の私たちの信心《しんじん》をはげまし、修行《しゅぎょう》をすすめる法具《ほうぐ》である」

（当家三衣抄《とうけさんねしょう》・六巻抄《ろっかんしょう》二二四ページ取意《しゅい》）

と指南《しなん》されています。つまり、お数珠は仏道《ぶつどう》を修行する能力《のうりょく》や素質《そしつ》が乏《とぼ》しい末法の私たちを導《みちび》きはげまして、成仏《じょうぶつ》の目的《もくてき》を遂《と》げさせるための法具なのです。

その意味《いみ》からも、日寛上人さまは、

「数珠は、ほんのわずかな間であっても、自分の身から離《はな》してはいけない。ゆえに古来《こらい》『常自随身《じょうじずいしん》』というのである」（同二二五ページ取意）

と指南され、常《つね》に、お数珠を身につけておく大切さを教《おし》えられています。よって私たちは、お寺《てら》での法要《ほうよう》や行事《ぎょうじ》の際《さい》はもとより、いつもたずさえるよう、心がけましょう。

お数珠のはじまり

日寛上人さまは、お数珠のはじまりについて、木槵子《もくげんじ》経《きょう》を引かれ、次のように説明《せつめい》されています。

「昔《むかし》、ハルリ王《おう》という王さまは、国に病気《びょうき》がはやったり、食《た》べものが不足《ふそく》したりして、人々《ひとびと》がたいへん苦《くる》しむようすをご覧《らん》になり、仏さまの教《おし》えで救《すく》ってあげたいと思《おも》いました。

そこで早速、お釈迦《しゃか》さまにおうかがいしました。

するとお釈迦さまは、木の珠《たま》を百八つ連《つら》ねてお数珠をつくり、心に仏法僧《ぶっぽうそう》の三宝《さんぽう》を一回唱《とな》えるごとに、一つずつ珠を順々《じゅんじゅん》に送りなさいと教えられました」

（同二二四ペ｜ジ取意）

これが、お数珠の起《お》こりと言われています。

お数珠は「衣《ころも》」

日蓮正宗《にちれんしょうしゅう》のご僧侶《そうりょ》が身《み》につけている袈裟《けさ》と衣《ころも》とお数珠は、「三衣《さんね》」と言って、仏法上《ぶっぽうじょう》、とても重要《じゅうよう》な意義《いぎ》があります。

そもそも衣とは衣類《いるい》のことで、肌《はだ》をかくすためのものです。では、衣類ではないお数珠が、どうして「三衣」のひとつになったのでしょうか。それは、お数珠の珠《たま》の数が関係しています。

さきほどの経典《きょうてん》に「百八つの珠」が出てきましたが、これは人間《にんげん》が持《も》っている煩悩《ぼんのう》の数であり、そのひとつひとつがいろいろな悩《なや》みのもととなるのです。そこで、お

むずかしい仏教用語

煩《ぼん》悩《のう》

人々を悩《なや》ませる心のはたらきのことで、3つの大きな煩悩《ぼんのう》として、貪《むさぼ》り・瞋《いか》り・癡《おろ》かの三毒《さんどく》が説《と》かれている。

数珠を手にかけることによって、その煩悩を「覆《おお》いかくす」という意味があるのです。

さらにいえば、大聖人さまの教えを弘《ひろ》める、つまり折《しゃく》伏《ぶく》をすることは、私たちにとってとても大切な修行です。この折伏を実践《じっせん》すると、反対《はんたい》されたり、いじわるをされることがありますが、仏さまは「何《なに》があっても辛抱《しんぼう》をして、それらを忍《しの》びなさい」と教えています。仏教《ぶっきょう》では、これを「忍辱《にんにく》の衣を着《き》る」といいます。

三衣の一つであるお数珠を手にする私たちは、折伏を実践するなかで、何がおころうとも堪《た》え忍ぶ心を持ち、大聖

人さまの正しい教えを世《よ》のなかに弘めていきましょう。

お数珠は、昔から「仏さまのように大事にしなさい」といわれています。

くれぐれも、お数珠を床《ゆか》やたたみの上に直接おいたり、振《ふ》り回して遊《あそ》んではいけません。弟や妹、少年部の小さなお友だちが、お数珠で遊んでいるのをみかけたら、注意してあげましょうね。

お数珠は床やたたみに
おかないようにしましょう

Q. 御講《おこう》ってな〜に？

A 日蓮大聖人《にちれんだいしょうにん》さまへのご報恩《ほうおん》の法要《ほうよう》です

御講《おこう》とは御報恩御講《ごほうおんおこう》の略称《りゃくしょう》であり、三宝《さんぼう》である仏法《ぶっぽう》僧《そう》、つまり御本尊《ごほんぞん》さま（法宝《ほうぼう》）、日蓮大聖人《にちれんだいしょうにん》さま（仏宝《ぶっぽう》）、第二祖《だいにそ》日興上人《にっこうしょうにん》さま・第三祖日目上人《にちもくしょうにん》さま以来《いらい》のご歴代《れきだい》上人さま（僧宝《そうぼう》）に対《たい》し、ご報恩申《ほうおんもう》し上げる大事な法要《ほうよう》です。

総本山《そうほんざん》では毎月《まいつき》、七日に日興上人さまの、十三日に大聖人さまの、十五日に日目上人さまの、それぞれのご命《めい》日《にち》に、ご報恩のための御講が奉修《ほうしゅう》されています。

末寺《まつじ》では、大聖人さまのご命日にちなんで、毎月十三日に御講が修《しゅう》されてきましたが、現在では全国一斉《ぜんこくいっせい》に第二日曜日に執《と》りおこなわれています。

私たちがこの御講に参詣《さんけい》し、御本仏日蓮大聖人さまにご報恩申し上げることは、そのまま仏法僧の三宝尊《そん》に対するご報恩の実践《じっせん》となります。

また、僧侶《そうりょ》と信徒《しんと》がともに御講を修することは、異体《いたい》同心《どうしん》し、広宣流布《こうせんるふ》に向《む》かって一層精進《いっそうしょうじん》することを誓《ちか》うという意味《いみ》があります。

御法主日如上人猊下《ごほっすにちにょしょうにんげいか》さまは、

「御講というのは、月に一度、御信徒がお寺に集《あつ》まって、御住職《ごじゅうしょく》の法話《ほうわ》をお聞きになり、講中幹部《こうじゅうかんぶ》の挨拶《あいさつ》等《とう》があって、『さあ、それでは頑張《がんば》ろう』という決起《けっき》の場であります。大聖人様《さま》に仏恩報謝《ぶっとんほうしゃ》をするということは、大聖人様に折伏《しゃくぶく》を誓《ちか》うことなのであります」（大日蓮・平成二六年五月号）

と仰《おお》せです。私たちは、このご指南《しなん》を忘《わす》れないようにしましょう。

ご報恩《ほうおん》のあらわれ

私たちは毎日、いろいろな人から恩《おん》をうけて生活《せいかつ》しています。たとえば、お父さんやお母さんのおかげで、ご飯《はん》を食《た》べたり、元気《げんき》に学校《がっこう》へ行くことができます。ときおり、通学路《つうがくろ》では、ＰＴＡの人たちが安全《あんぜん》に道路《どうろ》を渡《わた》れるように見守《みまも》ってくれています。さらに学校では先生《せんせい》が勉強《べんきょう》など、いろいろなことを教《おし》えてくれますね。ですからみなさんは、多くの方々から恩《おん》をうけていることを知り、感謝《かんしゃ》の気持《きも》ちをもつことが大切です。

また、お父さんやお母さんなどの恩のほかに、忘れてはならない大きな恩があることを、みなさんは知っていますか？

それは「仏《ほとけ》さまの恩」です。法華経《ほけきょう》の寿量品《じゅりょうほん》には、「常《つね》に『どのようにしたら、すべての人々に最高《さいこう》の道を歩《あゆ》ませ、すみやかに本当の幸せを得《え》させること

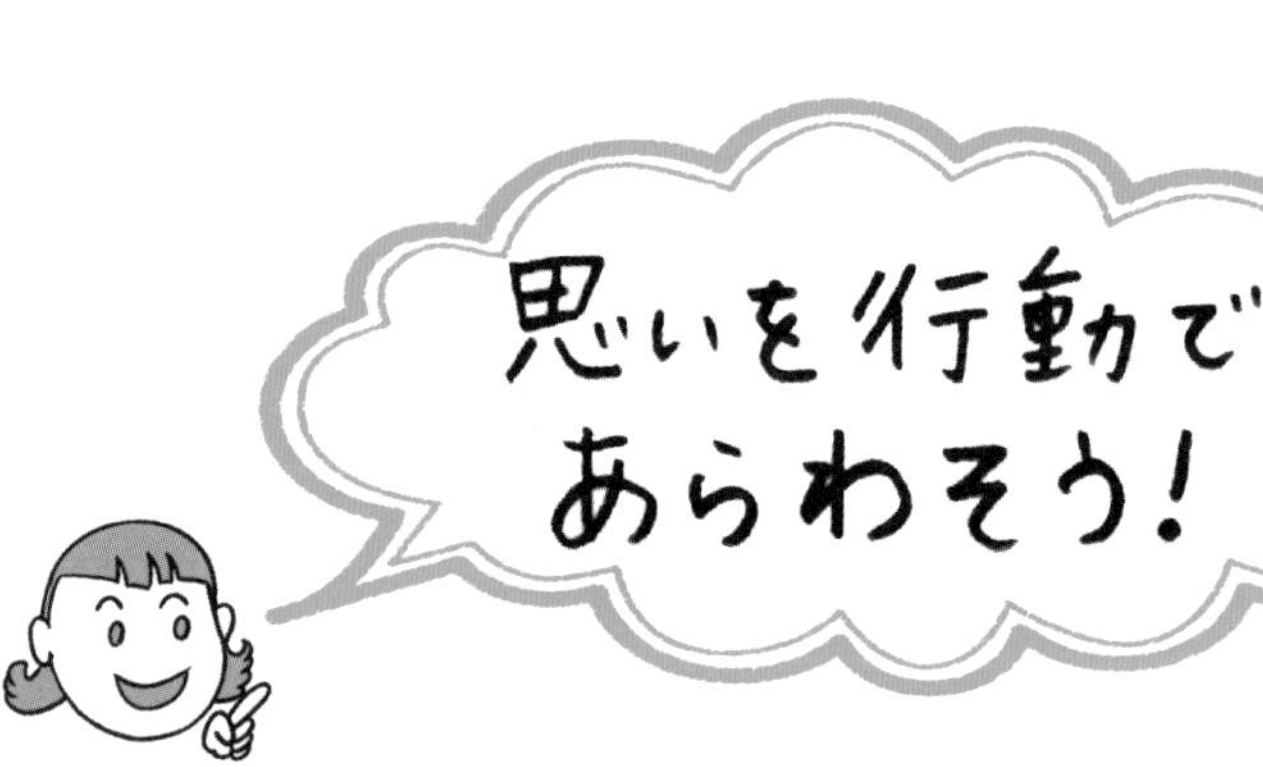

ができるだろうか』と思いめぐらせている」

（法華経四四三㌻取意）

と、仏さまの大きな慈悲《じひ》が説《と》かれています。このお経文《きょうもん》どおり、仏さまはいつも、私たちのことを見守ってくださっています。

したがって、私たちは仏さまへの感謝の心を忘れずに御講に参詣することが、ご報恩の行動《こうどう》となるのです。

御講ではなにをするの？

御講では、まず御本尊さま、大聖人さま、日興上人さま、日目上人さまとご歴代《れきだい》上人さまに、それぞれお膳《ぜん》をお供《そな》えし、そのあとご住職の導師のもと、参詣者全員《ぜんいん》でお経《きょう》を読み、お題目《だいもく》を唱《とな》えます。そして、ご住職からの御書《ごしょ》にもとづいた法話があります。

法話は仏法《ぶっぽう》のお話ですから、少《すこ》しむずかしいと思いますが、はじめはわからなくても、くりかえしお聞きすることによって、だんだんとわかるようになってくるものです。また、たとえむずかしいお話であっても、「聞く」ことが大きな功徳《くどく》になると法華経に説《と》かれています。

家族《かぞく》そろって、かかさず参詣

大聖人さまは、
「僧《そう》のもとをたずねて仏法のお話をお聞きし、信心《しんじん》の歩《あゆ》みをすすめなさい」

（新池《にいけ》御書・御書《ごしょ》一四五七ページ取意《しゅい》）

と仰せです。

そこで大切《たいせつ》となるのは、御講への参詣をつづけることです。このことにより、おのずと信心が磨《みが》かれ、さらにがんばれるようになります。

私たちが参詣する菩提寺《ぼだいじ》は、信仰《しんこう》の道場《どうじょう》であり、仏法僧の三宝がましますす重要《じゅうよう》な法《ほう》城《じょう》です。ここで修《しゅう》される法会《ほうえ》に参詣することは、大きな功徳を積《つ》むことになります。

大聖人さまが「信心の歩みをすすめなさい」と教えられているのですから、毎月の御講には家族《かぞく》そろって参詣しましょう。

Q. 登山《とざん》について教《おし》えて

A 登山《とざん》とは、総本山大石寺《そうほんざんたいせきじ》に参詣《さんけい》することです

ふつう、登山《とざん》といえば、山登《やまのぼ》りを思いうかべるかもしれません。しかし、日蓮正宗《にちれんしょうしゅう》における「登山」とは、総《そう》本山大石寺《ほんざんたいせきじ》に参詣《さんけい》することをいいます。

大御本尊《だいごほんぞん》さまが根本《こんぽん》

日蓮正宗では、大石寺を「総本山」とし、みなさんがふだん参詣《さんけい》するお寺（菩提寺《ぼだいじ》）を「末寺《まつじ》」としています。

末寺は、みなさんの住《す》む地域《ちいき》における信心《しんじん》の道場《どうじょう》です。

ここには、大石寺の本門戒壇《ほんもんかいだん》の大御本尊《だいごほんぞん》さまのお写《うつ》しである御本尊さまがご安置《あんち》され、御法主上人猊下《ごほっすしょうにんげいか》さまのお代理《だいり》としてご住職《じゅうしょく》がおられます。

また、末寺に所属《しょぞく》するみなさんのお家《うち》にも、御本尊さまがご安置されていることでしょう。

ここで大切《たいせつ》なことは、あくまでも大石寺の大御本尊さまが根本《こんぽん》であるということです。これは、樹木《じゅもく》のたくさんの枝葉《えだは》もすべて一つの根にもとづいているように、お寺や家庭《かてい》の御本尊さまの功徳《くどく》は、根本である大御本尊さまから流《なが》れかよってくるのです。

このことについて、総本山第六十六世日達上人《にったつしょうにん》さまは、

「戒壇の御本尊の、又《また》、写《うつ》しが、各《かく》末寺の御本尊であり（中略）また各家《かくけ》の御本尊である。だからそこに戒壇の御本尊の、大聖人様《だいしょうにんさま》の血脈《けちみゃく》が、正宗を信心《しんじん》する皆様《みなさま》の中に皆伝《つた》わっておるのでございます。その根本《こんぽん》たる戒壇の御本尊を忘《わす》れてしまったならば、いかに信心しても、大聖人様の血脈は通《つう》じてこない。非常《ひじょう》に情《なさ》けないことになるのでございます」

（日達上人全集一―二―二五六ジペー）

と指南《しなん》されています。

なんのために登山するの？

私たちは、登山した際《さい》にはかならず御開扉《ごかいひ》を受《う》けます。

日蓮正宗では、昔《むかし》から総本山大石寺に御法主上人さまの大導師《だいどうし》のもとに本門戒壇の大御本尊さまに御開扉をお受けします。

この際、全世界《ぜんせかい》の人々が正法《しょうぼう》に帰依《きえ》して幸せになれるよう広宣流布《こうせんるふ》をご祈念《きねん》し、さらに自身の罪障消滅《ざいしょうしょうめつ》と成仏《じょうぶつ》を願《ねが》います。

大聖人さまは、病気によって一時、参詣《さんけい》が途絶《とだ》えていた南条時光殿《なんじょうときみつどの》を心配《しんぱい》されて、

「早《はや》く病気《びょうき》を治《なお》して登山しなさい。日蓮はここで待《ま》っていますよ」

（南条殿御返事《なんじょうどのごへんじ》・御書《ごしょ》一五七〇ページ取意《しゅい》）

と仰《おお》せられています。

たいせつなポイント　登山

日蓮正宗の信心《しんじん》は、大御本尊さまが根本《こんぽん》です。大御本尊さまへの信心を忘《わす》れては、成仏《じょうぶつ》はかないません。登山は、この大御本尊さまを求める信心を形にあらわす修行《しゅぎょう》です。

大御本尊さまと猊下さまにつらなる信心を心がけましょう。

大聖人さま（大御本尊さま）は、いつも私たちのことを心にかけ、大石寺でお待ちくださっています。私たちは常《つね》に登山参詣するよう心がけましょう。

ご在世《ざいせ》当時の登山

昔の信徒《しんと》は、大聖人さまに一目《ひとめ》でもお会《あ》いしたいとの一心《いっしん》で、長い道のりを徒歩《とほ》で登山しました。

鎌倉《かまくら》に住《す》んでいた日妙尼《にちみょうあま》という女性《じょせい》は、幼《おさな》い子供《こども》をつれて、約《やく》一カ月もの期間《きかん》をかけ、当時《とうじ》、佐渡島《さどがしま》（新潟《にいがた》県《けん》）におられた大聖人さまをたずねています。

また、佐渡島に住んでいた阿仏房《あぶつぼう》は、九十歳という高《こう》齢《れい》にもかかわらず、当時《とうじ》、身延《みのぶ》（山梨県《やまなしけん》）にお住《す》まいになっていた大聖人さまのもとへ、何度も参詣しています。

大聖人さまは、当時のきびしい道のりについて、

「山々がそびえ立ち、海では大波《おおなみ》がうねり、道中《どうちゅう》には山賊《さんぞく》や海賊《かいぞく》が出没《しゅつぼつ》し、人々の心は、まるで虎《とら》や野犬《やけん》のように荒《あ》れている」

（日妙聖人御書《にちみょうしょうにんごしょ》・同六〇七ジペー取意）

と述《の》べられています。このような大変《たいへん》ななかを、長い時間をかけて歩《あゆ》みつづけ、ようやく大聖人さまにお会いできた時の喜びはとても大きなものでした。

その際、登山した信徒は、大聖人さまに少しでもご奉公《ほうこう》（身をささげて尽《つ》くすこと）したいと、薪《たきぎ》を切《き》ったり、お掃除《そうじ》をしたり、身のまわりのお世話《せわ》をする

などして、お給仕《きゅうじ》につとめました。

このように、日蓮正宗の信心は、仏《ほとけ》さま（大聖人さま）を求《もと》めることが大切《たいせつ》であり、その気持ちを行動《こうどう》にあらわすのが登山なのです。

大聖人さまは、登山の功徳《くどく》について、

「毎年《まいとし》、何度《なんど》も登山参詣することによって、あなたが昔《むかし》から積《つ》み重《かさ》ねてきた罪障《ざいしょう》も、かならず消《き》え去《さ》って幸《しあわ》せになるであろう。いよいよ信心にはげみなさい」（四条金吾殿御返事《しじょうきんごどののごへんじ》・同一五〇二ﾍﾟｰｼﾞ取意）

と仰《おお》せられ、私たちに登山をすすめられています。

この大聖人さまのお言葉どおりに、機会《きかい》あるたびに登山し、功徳《くどく》を積んでいきましょう。

支部《しぶ》総《そう》登《と》山《ざん》に参加《さんか》しよう

末寺では年に数回、ご住職《じゅうしょく》の引率《いんそつ》のもと、お寺の仲間とともに総本山に参詣する「支部総登山《しぶそうとざん》」がおこなわれています。

この支部総登山を、声をかけ合うなど協力《きょうりょく》して取り組《く》むことにより、みんながより大きな功徳を積むことができるのです。

ですから、お父さん、お母さんとともに、家族そろって、かならず支部総登山に参加《さんか》するようにしましょう。

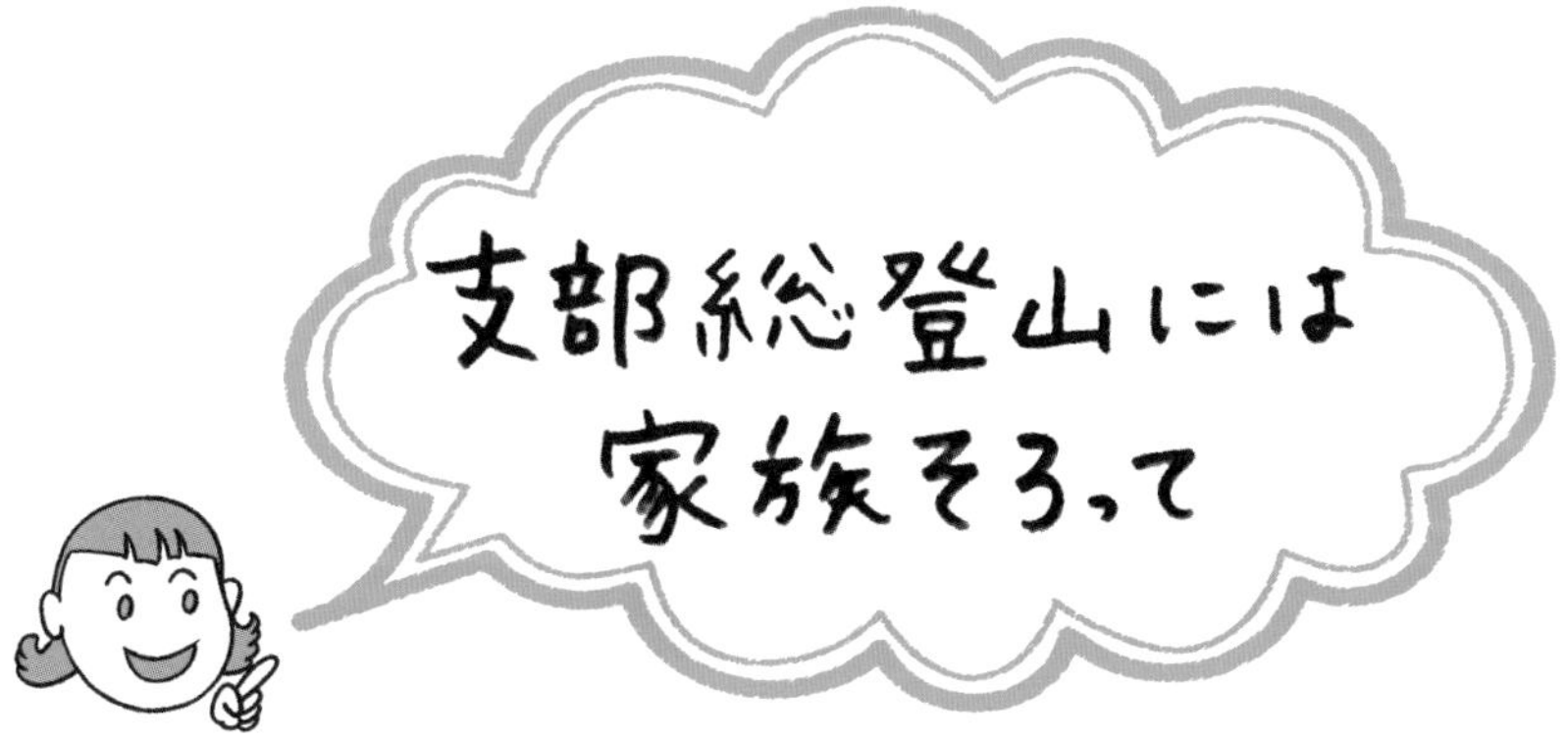

Q. 御供養《ごくよう》ってな〜に？

A 三宝《さんぼう》への感謝《かんしゃ》の気持《きも》ちを形《かたち》にしてお供《そな》えすることです

御供養《ごくよう》とは、仏《ぶっ》・法《ぽう》・僧《そう》の三宝《さんぼう》に対《たい》する感謝《かんしゃ》の気持《きも》ちを、お金《かね》や品物《しなもの》などの形《かたち》にして、お供《そな》えすることです。

日蓮大聖人《にちれんだいしょうにん》さまは、

「僧侶《そうりょ》をうやまい、法をあがめ、仏を供養しなさい」

（新池御書《にいけごしょ》・御書《ごしょ》一四六一㌻取意《しゅい》）

と教《おし》えられています。

さらに大聖人さまは、

「仏法僧に少しの供養をなすにあたっても、ついおっくうに思ってしまうこと、それはただごとではない」（同一四五七㌻取意）

と仰《おお》せになり、三宝への供養の大事を示されています。

三宝について

そもそも仏教《ぶっきょう》を信ずるとは、三宝を信ずることです。

その三宝とは、この世《よ》に現《あらわ》れた仏《ほとけ》さまと、仏さまが説《と》かれた法《ほう》（教《おし》え）と、その教えを弘《ひろ》め伝《つた》えていく僧侶のことです。

おぼえたい ことば

仏《ぶっ》・法《ぽう》・僧《そう》

三宝

日蓮正宗《にちれんしょうしゅう》の三宝は、
仏宝《ぶっぽう》……日蓮大聖人《にちれんだいしょうにん》さま
法宝《ほうぼう》……本門戒壇《ほんもんかいだん》の大御本尊《だいごほんぞん》さま
僧宝《そうぼう》……日興上人《にっこうしょうにん》さまをはじめとするご歴代《れきだい》上人
です。

私たちは、この三宝を信じて勤行《ごんぎょう》・唱題《しょうだい》にはげむことにより、大きな功徳《くどく》をいただくことができるのです。

気持ちを形にあらわす

御供養は、総本山大石寺《そうほんざんたいせきじ》やみなさんの所属《しょぞく》するお寺を守《まも》り、発展《はってん》させていくもとになるとともに、大聖人さまの教えを弘《ひろ》め、未来《みらい》に向《む》かって、永《なが》く伝《つた》えていくための大きな支《ささ》えともなります。

仏さまに対して、真心《まごころ》からの御供養をお供えすれば、大きな功徳をいただくことができます。そのお話が、御《ご》書《しょ》には次のように示されています。

「ある時、王舎城《おうしゃじょう》という所を訪《たず》ねたお釈迦《しゃか》さまに、砂場《すなば》で遊《あそ》んでいた子供《こども》が、砂で作《つく》ったお団子《だんご》を御供養しました。その御供養を受《う》け取《と》られたお釈迦さまは、お弟子《でし》さんに向《む》かって『この子は、のちに生まれ変《か》わって、立派《りっぱ》な王さまとなるであろう』と予言《よげん》し、御供養の功徳を説《と》かれました。そして、

このお言葉のとおり、その子供は阿《あ》

育《いく》大王という王さまとして生まれ、仏さまの教えを守《まも》り、立派《りっぱ》な政治《せいじ》をおこなったのです」

（窪尼御前御返事《くぼあまごぜんごへんじ》・同一三六七㌻取意）

みなさんも、御本尊さまに御供養を申《もう》し上げれば、きっとおほめいただけることでしょう。

供養について

仏教では御供養について、さまざまな種類《しゅるい》が説かれていますが、ここでは「財《ざい》の供養」「身《み》の供養」「法《ほう》の供養」について説明《せつめい》します。

①財の供養とは、お寺の御本尊さまにお供えする御供養のことです。

みなさんも御講《おこう》のときなどに、御供養されるご両親《りょうしん》の姿《すがた》を見たことがあるでしょう。この御供養は、お寺が広《こう》宣流布《せんるふ》に向かって活動《かつどう》していくためには、とても大事なものです。

ただし、御供養は金額《きんがく》の多い少ないではなく、そこに真心が込《こ》もっているかどうかが大切なのです。

②身の供養とは、仏さまに対して身をもってお仕《つか》えすることで、お寺の掃除《そうじ》や、お会式《えしき》のお花作《はなづく》り、法要《ほうよう》の際《さい》の受付《うけつけ》・誘導整理《ゆうどうせいり》などのお手伝《てつだ》いをすることです。

みなさんも学校《がっこう》で毎日《まいにち》、掃除をしていると思《おも》いますが、掃除をすると、スッキリして気分《きぶん》がいいですよね。お寺の掃除にはすすんで参加《さんか》し、御本尊さまのお住《す》まいであるお寺をきれいにしていきましょう。

③法の供養とは、御本尊さまのすばらしさや信心の大切さをほかの人に伝えて、大聖人さまの教えを弘《ひろ》めていくことです。

以上、三種類の御供養についてお話ししましたが、御本尊さまのために、真心を込《こ》めておこなうことが正しい御供養となることを、忘《わす》れないでくださいね。

大聖人さまは、

「仏さまへ真心の御供養をさせていただくことで、幸《しあわ》せになれるのです」

(白米一俵御書《はくまいいっぴょうごしょ》・同一五四四ページ取意)

と仰《おお》せられています。仏さまのご恩に報《むく》いるために、また自分の幸せのためにも、御供養につとめましょう。

Q. 謗法《ほうぼう》ってな〜に？

A 大聖人《だいしょうにん》さまの教《おし》えにそむくことです

謗法《ほうぼう》の謗《ほう》とは「そしる」という意味《いみ》です。

日蓮大聖人《にちれんだいしょうにん》さまは、

「謗法とは正しい仏法《ぶっぽう》にそむくこと」

（顕謗法抄《けんほうぼうしょう》・御書《ごしょ》二八六ページ取意《しゅい》）

と仰《おお》せられ、また、

「謗法とは謗仏謗僧《ほうぶつほうそう》なり」（真言見聞《しんごんけんもん》・同六〇八ページ）とも説《と》かれるように、仏《ほとけ》さまの悪口《わるぐち》を言ったり、僧宝《そうぼう》である御法主上人猊下《ごほっすしょうにんげいか》さまの仰せに従《したが》わないことも、謗法となります。

具体的《ぐたいてき》には、日蓮正宗《にちれんしょうしゅう》の信心《しんじん》をしているのに、神社《じんじゃ》などに行ってお参《まい》りをしたり、お守《まも》りや神札《かみふだ》を買《か》ってきたり、お土産《みやげ》でもらったお守りをカバンなどにつけることも、すべて謗法となります。

また、大聖人さまは、

「謗法を犯《おか》す者《もの》に近《ちか》づいてはなりません。与同罪《よどうざい》を恐《おそ》れな

さい」（新池御書《にいけごしょ》・同一四五八ジペ取意）

と仰《おお》せです。つまり、正しい仏法をそしる人たちに、「正しい教えは南無妙法蓮華経《なんみょうほうれんげきょう》だけで、ほかの教えは間違《まちが》っていますよ」と教えてあげなければ、謗法を犯したことと同じになってしまうということです。

さらに仏法には、十四誹謗《ひぼう》という誡《いまし》めがあり、たとえば勤行《ごんぎょう》をサボったり、御本尊さまを疑《うたが》ったり、同じ信心をする人の悪口《わるぐち》を言ったりすることも、謗法となるので気をつけましょうね。

謗法厳誡《ほうぼうげんかい》

日蓮正宗では、大聖人さま以来《いらい》、謗法を厳《きび》しく誡めてきました。これを「謗法厳誡《げんかい》」といいます。

謗法を犯す罪《つみ》について、大聖人さまは、

「五逆罪《ごぎゃくざい》よりも重《おも》い」

（真言見聞《しんごんけんもん》・同六〇九ページ取意）

と仰せです。五逆罪とは、父を殺《ころ》すこと、母を殺すこと、阿羅漢《あらかん》（修行僧《しゅぎょうそう》）を殺すこと、仏さまを傷《きず》つけて血《ち》を出させること、和合僧《わごうそう》（仏道修行《ぶつどうしゅぎょう》にはげむ人たちの集まり）を乱《みだ》すという、五つの重い罪のことで、謗法はこれらの五逆罪よりも重い罪となります。謗法を犯すと、とても長い間苦《くる》しみ、不幸《ふこう》になってしまうのです。

それだけにとどまらず、大聖人さまが、

「人々が正しい教えにそむき、邪宗邪義《じゃしゅうじゃぎ》を信仰《しんこう》しているいることにより、さまざまな災《わざわ》いや難《なん》が起《お》こるので

ある」（立正安国論《りっしょうあんこくろん》・同二三四ページ取意）
と仰《おお》せられているように、地震《じしん》や洪水《こうずい》などの災《さい》害《がい》、疫病《えきびょう》の流行《りゅうこう》、戦争《せんそう》などは、すべて邪宗邪義の害毒《がいどく》によると教えられています。

私たちは、自分が謗法を犯さないことはもちろんのこと、大聖人さまが、

「謗法を責《せ》めずに成仏《じょうぶつ》を願《ねが》うことは、火の中に水を求《もと》め、水の中に火をさがすようなもので、実《じつ》にはかないことである」

（曽谷殿御返事《そやどのごへんじ》・同一〇四〇ページ取意）

と仰せのように、謗法を犯している人たちを折《しゃく》伏《ぶく》していくことを忘《わす》れないようにしましょう。

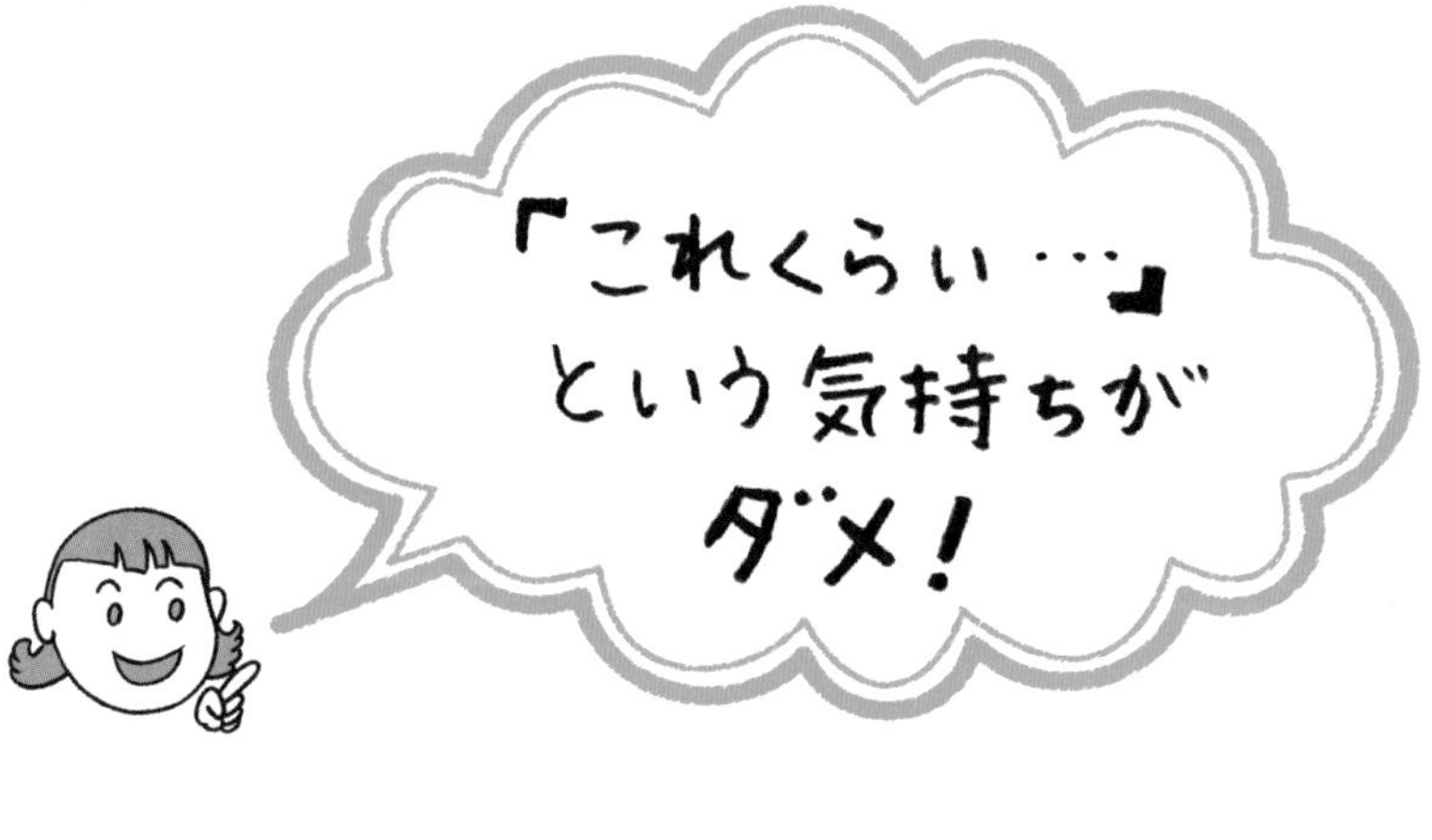

クリスマスやお守《まも》りなどについて

世《よ》の中の人は、商売繁盛《しょうばいはんじょう》（仕事《しごと》がうまくいくこと）や開運《かいうん》（運を開いて幸せになること）を願《ねが》って、ダルマや招《まね》き猫《ねこ》などを飾《かざ》ったりしています。また修学旅行《しゅうがくりょこう》などで行く邪宗の寺院や神社《じんじゃ》などでは、交通安全《こうつうあんぜん》や合格祈願《ごうかくきがん》のお守《まも》り・お札《ふだ》が売《う》られ、土産《みやげ》ものとして買《か》っていく人がいます。しかし、これらは謗法の物であり、持っていると不幸の原因《げんいん》となります。

また、年末《ねんまつ》のクリスマスは、イエス・キリストの誕生《たんじょう》日《び》を祝《いわ》うキリスト教《きょう》の行事《ぎょうじ》です。多くの人たちはクリスマスの意味を知らずに、パーティーをしたり、プレゼントの交換《こうかん》などをしていますが、日蓮正宗《にちれんしょうしゅう》の信心《しんじん》をしている私たちは、キリスト教の行事であるクリスマスを祝ってはいけません。

このような行事は、一見《いっけん》、楽《たの》しそうに見えるかもしれませんが、実際は不幸《ふこう》になるもとなのですから、大聖人さまの仰せどおり、謗法を犯さないように気をつけましょう。

もし、謗法に関《かん》することでわからないことがあれば、お寺《てら》のご住職《じゅうしょく》にお聞きしましょう。

Q. 三具足《みつぐそく》ってな〜に？

A 御本尊《ごほんぞん》さまにお供《そな》えする華立《はなたて》・香炉《こうろ》・灯明《とうみょう》のことです

三具足《みつぐそく》とは、御本尊《ごほんぞん》さまにお供《そな》えする、左から華立《はなたて》（しきみ）・香炉《こうろ》（線香《せんこう》）・灯明《とうみょう》（ろうそく）の三つをいいます。また、真《ま》ん中《なか》に香炉《こうろ》があり、その左右《さゆう》にろうそくとしきみがある場合《ばあい》は、全部《ぜんぶ》で五つなので五具足《ごぐそく》といいます。意義《いぎ》は同じなので、どちらの形式でもよいことになっています。

日蓮大聖人《にちれんだいしょうにん》さまは、

「お題目《だいもく》を唱《とな》えてお経《きょう》を読み、華を供え、香をたくことのひとつひとつが、すべて自分の功徳《くどく》となるのである」（一生成仏抄《いっしょうじょうぶつしょう》・御書《ごしょ》四六ページ取意《しゅい》）

と仰《おお》せられ、しきみや線香をお供えする大切さを教えられています。

① 華《はな》について

日蓮正宗では、御本尊さまやお墓《はか》に供える華は、すべてしきみを用《もち》います。

みなさんは「お華」と聞《き》くと何《なに》を想像《そうぞう》しますか？　おそらく、赤《あか》や黄色《きいろ》のきれいな花《はな》を思《おも》いうかべることでしょう。春《はる》には桜《さくら》、夏《なつ》にはひまわり、秋《あき》にはコスモスなどが咲《さ》いて、とてもきれいですよね。

でも、きれいなお花はすぐに枯《か》れてしまいます。このように、世《よ》の中のあらゆるものがうつり変わっていくことを、仏法《ぶっぽう》では「無常《むじょう》」といいます。

これに対《たい》してしきみは「常緑樹《じょうりょくじゅ》」といって、一年中、常《つね》に青々《あおあお》とした葉《は》をつけています。

末法のご本仏・日蓮大聖人さまが、人々を救《すく》われるために、常にこの世におられることを「常住《じょうじゅう》」といい、大聖人さまが顕《あらわ》された御本尊さまのご宝前《ほうぜん》を荘厳《しょうごん》するのにふさわしい華として、しきみをお供えするのです。

また、しきみは日本で唯一《ゆいいつ》の香木《こうぼく》（葉や茎《くき》などに良い香りを持つもの）であり、その香りによって周囲《しゅうい》の邪気《じゃき》

むずかしい仏法用語　常住《じょうじゅう》

過去《かこ》・現在《げんざい》・未来《みらい》にわたり、常《つね》に存在すること。

を払《はら》い、御本尊さまのまわりを清《きよ》らかにする用《はたら》きがあります。

なお、しきみがどうしても手にはいらない地域（海《かい》外《がい》）では、ほかの常緑樹をお供えすることもあります。

②　香《こう》について

法《ほ》華《け》経《きょう》の法《ほっ》師《し》品《ほん》をはじめ、多くのお経《きょう》には、

「抹《まっ》香《こう》、塗《ず》香《こう》、焼《しょう》香《こう》」（法華経三一九㌻）

などと説《と》かれているように、お釈《しゃ》迦《か》さまの時《じ》代《だい》からお香を供《く》養《よう》することがおこなわれていました。

現在、私たちがふだん使うお香《こう》には、線《せん》香《こう》

と抹香があります。

線香は勤行《ごんぎょう》やお墓参《はかまい》りの時に使うので、みなさんも、よく知っていることでしょう。

抹香は、塔婆《とうば》供養や法事《ほうじ》の時などにお焼香でつかう粉《こな》状《じょう》のお香《こう》のことです。どちらも火をつけたり、たいたりすると、とてもよい香《かお》りがしますね。

お香をたく香炉は、三具足（五具足の場《ば》合《あい》も）の中心《ちゅうしん》に置《お》きます。線香は、三本（もしくは一本）を火のついたほうを左にして、横《よこ》にねかせて置《お》きます。線香を立てると、灰《はい》がとび散《ち》って汚《よご》れたり、机《つくえ》をこがすことがあります。そうなると、私たちの心も乱《みだ》れ、勤行《ごんぎょう》や唱題《しょうだい》に集《しゅう》中《ちゅう》できなくなってしまいます。「お線香は、ねかせる」というきまりを覚《おぼ》えてくださいね。

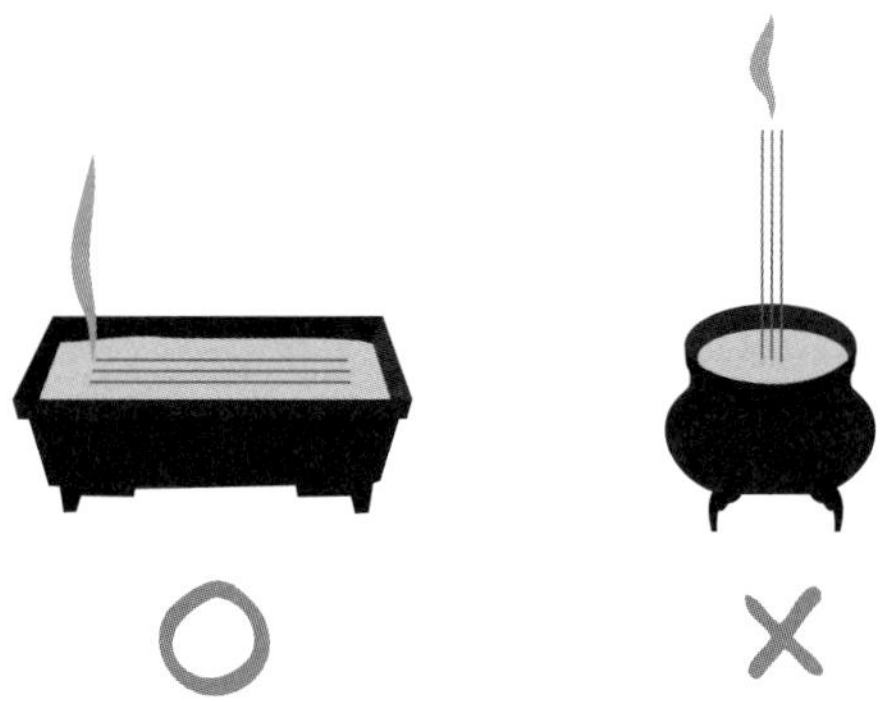

③ 灯明《とうみょう》について

灯明を仏《ほとけ》さまにお供《そな》えすることは、さまざまな経典《きょうてん》に説《と》かれています。

法華経の薬王菩薩本事品《やくおうぼさつほんじほん》（法華経五三〇ページ）には、薬王菩薩が自分《じぶん》の臂《ひじ》を焼《や》いて、その灯《あか》りを仏さまに供養したとあります。

また、ほかのお経には、貧《まず》しい女性《じょせい》が自分の髪《かみ》を売《う》って油《あぶら》に替《か》え、灯りを仏さまにお供えしたところ、どんなに強《つよ》い風《かぜ》が吹《ふ》いてもその灯りは消《き》えなかったという話が説かれています。

これらのお話は、自分の大切なものを灯りに替えて仏さまに御供養する功徳《くどく》が、たいへん大

きいことを教えているのです。

このように、私たちがろうそくを用《もち》いて、御本尊さまに灯明をお供えすることは、深い意味があるのです。

④　御本尊さまへのお供え

御本尊さまには、毎日《まいにち》かならず「お水」をお供えします。仏さまにお供えする水を、インドでは古来《こらい》、「閼伽《あか》」といい、「功徳水《くどくすい》」と訳《やく》します。

毎朝《まいあさ》の勤行《ごんぎょう》の前に、汲《く》み初《ぞ》め（朝、はじめて使う）の清《きよ》らかな水を器《うつわ》にそそいでお供えします。その際《さい》、しきみの葉先《はさき》を入れます。日中《にっちゅう》は器のふたをあけておき、夕勤行の前にお水をお下《さ》げして、ふたをかぶせます。

また、ご飯《はん》を炊《た》いた時には、自分たちがいただく前に

お供えします。果物《くだもの》やお菓子《かし》など、一番初《はじ》めに仏さまへお供えしてから、いただくようにしましょう。

私たちが御本尊さまにお供えするものは、すべて尊《とうと》い御供養となります。この心がけをもって、御本尊さまに対して、毎日かかさずお給仕《きゅうじ》することが大切です。

みなさんも、しきみの水を取り替《か》えたり、お水をお供えするなど、何《なに》かひとつでも役目《やくめ》をきめて、御本尊さまへのお給仕をしてみてはどうでしょうか？大事な修行《しゅぎょう》ですから、毎日つづけておこないましょうね。

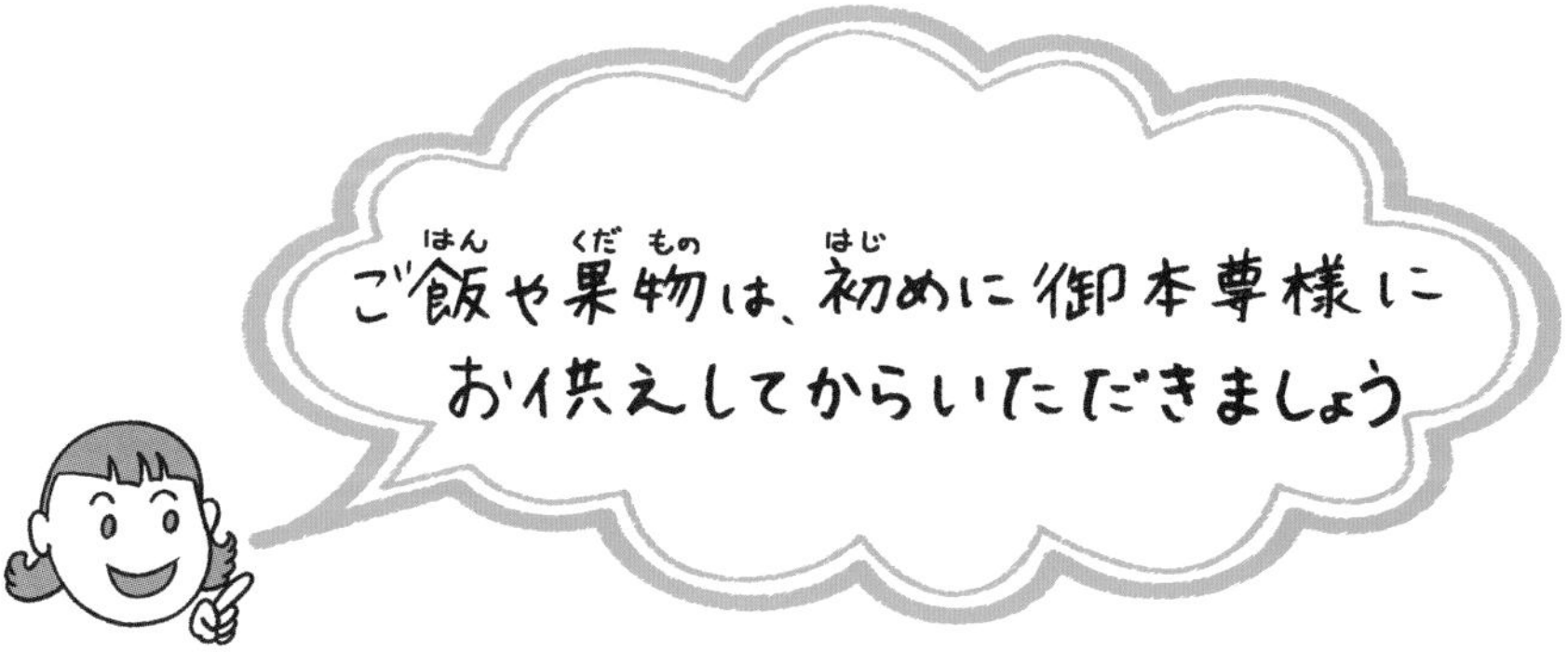
ご飯《はん》や果物《くだもの》は、初《はじ》めに御本尊様に
お供えしてからいただきましょう

Q. 太鼓《たいこ》はなぜたたくの？

A 声《こえ》を合《あ》わせてお題目《だいもく》を唱《とな》えるためです

お寺《てら》では、御講《おこう》や勤行《ごんぎょう》でお題目《だいもく》を唱《とな》える時に太鼓《たいこ》をたたきます。太鼓をたたくことには、いろいろな理由《りゆう》がありますが、今回《こんかい》は、大きな理由を二つあげて説明《せつめい》します。

①　音を御供養《ごくよう》するため

法華経《ほけきょう》には、音楽《おんがく》によって仏さまをほめたたえ、御供《ごく》養申《ようもう》し上げるようすが説《と》かれています。

私たちが鈴《りん》や太鼓をたたくことも、御本尊さまへの「音色《ねいろ》」の御供養となります。

みなさんが太鼓をたたく機会《きかい》があったら、一打《いちだ》一打、御本尊さまへの御供養の気持《きも》ちを込《こ》めてたたいてくださいね。

②　声《こえ》を合《あ》わせてお題目《だいもく》を唱《とな》えるため

仏教《ぶっきょう》では「声仏事《こえぶつじ》を為《な》す」という言葉があるように、お題目を声に出して唱えることはとても大切です。

もし、御講や勤行などの時に、おおぜいの人が自分勝《じぶんかっ》手《て》な速《はや》さでお題目を唱えたらどうなるでしょうか？　みんなの声が合わず、バラバラになってしまいますね。それでは、一緒《いっしょ》に唱題する人の心も乱《みだ》れてしまいます。太鼓には、みんなが声を合わせてお題目を唱えられるようにするという、大事な役わりがあるのです。

日蓮大聖人《にちれんだいしょうにん》さまは、みんなで異体同心《いたいどうしん》して信心にはげみなさいと教えられています。

異体同心で修行《しゅぎょう》にはげみ、広布《こうふ》を目指《めざ》すために、もっとも基本となるのが、みんなが声を合わせて唱題することです。これによって、みんなの心もひとつになって仏道《ぶつどう》修行にはげめるのです。

以上のように、お寺で太鼓をたたくことは、とても大事な意味《いみ》があります。

お寺では、みなさんに太鼓のたたき方を教えてくださる機会《きかい》があると思います。その時には、太鼓をたたく理由を思い出して真剣《しんけん》に練習《れんしゅう》し、元気《げんき》よく太鼓をたたいてくださいね。

大きな理由を二つあげましたが、勤行の仕方《しかた》や御本尊さまへのお給仕《きゅうじ》などの方法《ほうほう》（化儀《けぎ》）には、すべて大切な意味があります。

私たちは、こうした化儀を丁寧《ていねい》におこなうことによって、かならず御本尊さまから守《まも》っていただけるのです。

Q. 大石寺《たいせきじ》について教《おし》えて

A 日興上人《にっこうしょうにん》さまが開《ひら》かれたお寺《てら》で、日蓮正宗《にちれんしょうしゅう》の総本山《そうほんざん》です

お寺《てら》には、「○○山△△寺」という「山号《さんごう》＋寺号《じごう》」の正式《せいしき》な名前があります。みなさんは、自分がお参《まい》りしているお寺の「山号」を知っていますか？

昔《むかし》は、お寺は世間から離《はな》れて修行《しゅぎょう》にはげむために、山のなかに建《た》てられることが多く、その名残《なご》りから「○○

山」という山号がつけられているのです。

大石寺《たいせきじ》にも山号があり、「多宝富士大日蓮華山《たほうふじだいにちれんげさん》」と称《しょう》します。この機会《きかい》に覚《おぼ》えてくださいね。

「あれ？『総本山《そうほんざん》』ではないの？」と思った人がいるかもしれませんが、「総本山」は大石寺の山号ではありません。総本山とは、一つの宗派《しゅうは》のお寺を取《と》りまとめる、おおもとのお寺のことをいいます。つまり、大石寺は日《にち》蓮正宗《れんしょうしゅう》にとって、一番根本《いちばんこんぽん》のお寺であることから「総本山」というのです。

総本山大石寺は、正応《しょうおう》三（一二九〇）年十月十二日、第二祖日興上人《だいにそにっこうしょうにん》さまによって開《ひら》かれました。

大石寺という寺号は、地名《ちめい》の「大石ケ原《おおいしがはら》」に由来《ゆらい》します。つまり、大石ケ原に建《た》てられたお寺なので、大石寺と名づけられたのです。

大石寺は最勝《さいしょう》の地

日興上人さまは、弘安《こうあん》五（一二八二）年に日蓮大聖人《にちれんだいしょうにん》さまから仏法《ぶっぽう》のすべてを受《う》け継《つ》がれ、大聖人さまがご入滅《にゅうめつ》されたのち、身延山久遠寺《みのぶさんくおんじ》の別当《べっとう》（住職《じゅうしょく》）となられました。

しかし、その数年後《すうねんご》、身延の地を治《おさ》めていた地頭《じとう》・波木井実長《はきりさねなが》が、大聖人さまの弟子《でし》であった六老僧《ろくろうそう》の一人、民部日向《みんぶにこう》にそそのかされて謗法《ほうぼう》を犯《おか》すようになり、直接《ちょくせつ》の師匠《ししょう》である日興上人さまから何度注意《ちゅうい》されても聞き入れませんでした。

むずかしい仏法用語　**六老僧《ろくろうそう》**

日蓮大聖人《にちれんだいしょうにん》さまが定《さだ》められた本弟子《ほんでし》のこと。

日興上人さまをはじめ、日昭《にっしょう》・日朗《にちろう》・日向《にこう》・日頂《にっちょう》・日持《にちじ》の６人。

そこで日興上人さまは、これ以上《いじょう》、身延の地にとどまっていては正法《しょうぼう》を守《まも》ることができないと考《かんが》えられました。さらに、大聖人さまの、

「富士山《ふじさん》に本門寺《ほんもんじ》の戒壇《かいだん》を建立《こんりゅう》せらるべきなり」

（日蓮一期《いちご》弘法《ぐほう》付嘱書《ふぞくしょ》・御書《ごしょ》一六七五ページ）

とのご遺命《ゆいめい》をはたすために、正応二（一二八九）年の春《はる》、本門戒壇《ほんもんかいだん》の大御本尊《だいごほんぞん》さまをはじめとする一切《いっさい》の御宝《ごほう》物《もつ》をお持ちして、身延を離《はな》れました。

そして日興上人さまは、純真《じゅんしん》な信徒《しんと》であった富士上野《ふじうえの》郷《ごう》の地頭・南条時光殿《なんじょうときみつどの》の願《ねが》いによって南条家《なんじょうけ》の館《やかた》に入られました。さらに、翌《よく》正応三年十月十二日、時光殿が御《ご》供養《くよう》した大石ケ原の地に大石寺を創建されました。ここに令法《りょうぼう》久住《くじゅう》・広宣流布《こうせんるふ》のいしずえが築《きず》かれたのです。

大石寺から見る富士山は、雄大《ゆうだい》な姿《すがた》をしています。この富士山を望《のぞ》む大石寺は、大聖人さまが日興上人さまに命《めい》じられた、本門戒壇の大御本尊さまをご安置《あんち》する霊場《れいじょう》なのです。

また、大聖人さまの教《おし》えの一切は、代々《だいだい》の猊下《げいか》さまによって今日《こんにち》まで大切《たいせつ》に守られ、受《う》け継《つ》がれています。現《げん》在《ざい》は、第六十八世御法主日如上人猊下《ごほっすにちにょしょうにんげいか》さまが総本山大石寺の住職をつとめられ、私たちを成仏へ導《みちび》いてくださっています。

このように、大御本尊さまと猊下さまが住《す》まわれる総本山大石寺こそ、この世でもっともすばらしい地なのです。私たちは、どこまでも総本山を中心とした信心《しんじん》をつらぬいていきましょう。

Q. 誓願《せいがん》ってな〜に？

A 御本尊《ごほんぞん》さまに誓《ちか》いを立《た》てることです

「誓願《せいがん》」とは、辞書《じしょ》（広辞苑《こうじえん》）によると「①誓《ちか》いを立《た》てて神仏《しんぶつ》に祈願《きがん》すること。②仏《ほとけ》や菩薩《ぼさつ》がかならず成《な》しとげようと願《ねが》い定《さだ》めた誓い」という意味《いみ》です。

仏教《ぶっきょう》では、菩薩はかならず四つの誓願を立てることが説《と》かれています。これを「四弘誓願《しぐせいがん》」といいます。

その内容《ないよう》は、次《つぎ》のようになります。

①衆生無辺誓願度《しゅじょうむへんせいがんど》…すべての人々を救《すく》うと誓うこと。

②煩悩無数誓願断《ぼんのうむしゅせいがんだん》…悩《なや》みや苦《くる》しみのもととなる一切《いっさい》の煩悩を断《だん》じようと誓うこと。

③法門無尽誓願知《ほうもんむじんせいがんち》…仏の教《おし》えをすべて学《まな》び知《し》ろうと誓うこと。

④仏道無上誓願成《ぶつどうむじょうせいがんじょう》…仏道修行《しゅぎょう》をして仏の悟《さと》りを得《え》ようと誓うこと。

これらの誓いを立て、懸命《けんめい》に修行《しゅぎょう》して成仏《じょうぶつ》をめざすとともに、あらゆる人々を救おうとはげむ衆生《しゅじょう》を「菩薩」というのです。

日蓮大聖人《にちれんだいしょうにん》さまは、

「四弘誓願《しぐせいがん》のなかでは、衆生無辺誓願度《しゅじょうむへんせいがんど》がもっとも

おぼえたい ことば

四弘誓願《しぐせいがん》

①衆生無辺誓願度《しゅじょうむへんせいがんど》　②煩悩無数誓願断《ぼんのうむしゅせいがんだん》

③法門無尽誓願知《ほうもんむじんせいがんち》　④仏道無上誓願成《ぶつどうむじょうせんがんじょう》

大事である」（御講聞書《おんこうききがき》・御書《ごしょ》一八六二㌻取意《しゅい》）

と仰《おお》せられています。これは、②煩悩無数誓願断・③法門無尽誓願知・④仏道無上誓願成が自行《じぎょう》であるのに対し、①衆生無辺誓願度は、他の人を救《すく》うための化他《けた》行の誓いであり、これが菩薩の修行にとって、もっとも大事であると教えられているのです。

末法《まっぽう》の菩薩

末法《まっぽう》における菩薩について、大聖人さまは、

「上行菩薩《じょうぎょうぼさつ》らが末法《まっぽう》に出現《しゅつげん》して、南無妙法蓮華経《なんみょうほうれんげきょう》の五字《ごじ》を弘《ひろ》めるのである。まずは日蓮《にちれん》一人がそれを実践《じっせん》しているのである」（上野殿御返事《うえのどのごへんじ》・同一三六一㌻取意）

と、ご自分《じぶん》が地涌《じゆ》の菩薩の上首《じょうしゅ》である上行菩薩の再誕《さいたん》であることを説《と》かれ、『諸法実相抄《しょほうじっそうしょう》』に、

「日蓮が地涌の菩薩であるならば、日蓮の弟子《でし》の僧《そう》侶《りょ》や信徒《しんと》は地涌の菩薩の眷属《けんぞく》である」

（同六六六ページ取意）

と仰《おお》せです。つまり、大聖人さまにしたがう私たちは、地涌の菩薩の一員《いちいん》となるのです。

地涌の菩薩の使命《しめい》は、末法の人々を正法《しょうぼう》に導《みちび》き救《すく》うことです。したがって、私たちがまず立てるべき誓願は、折伏《しゃくぶく》の成就《じょうじゅ》であることを忘《わす》れてはなりません。

世《よ》の中には迷《まよ》い苦《くる》しんでいる人がたくさんいます。これらの人々を救うため、私たちは折伏を実践《じっせん》し、御本尊さまに誓った誓願をかならず成《な》し遂《と》げましょう。

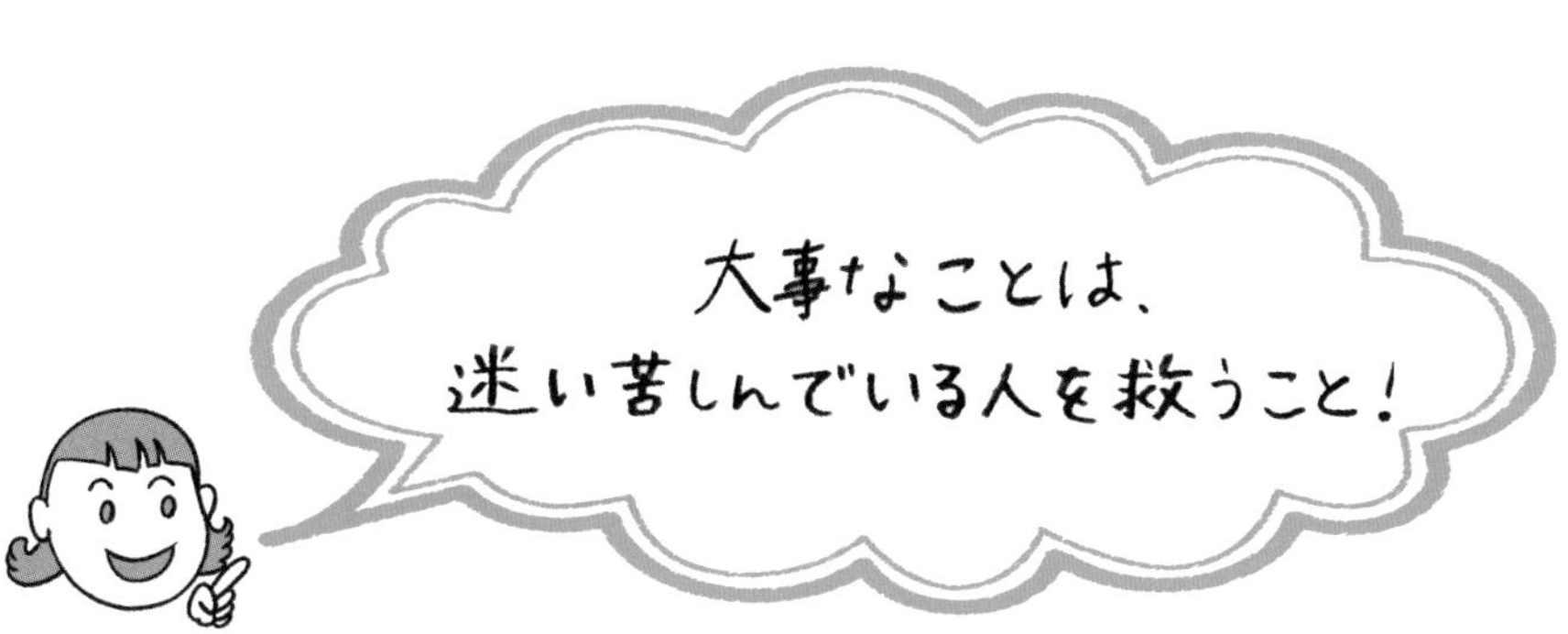
大事なことは、
迷い苦しんでいる人を救うこと！

Q. 異体同心《いたいどうしん》ってな〜に？

A みんなが心をひとつにして信心《しんじん》をしていくことです

人は、それぞれ顔《かお》や性格《せいかく》、得意《とくい》なことなどが違《ちが》っていて、ひとりとして同じ人はいません。これが「異体《いたい》」ということです。

そして「同心《どうしん》」とは、たとえば「綱引《つなひ》きで優勝《ゆうしょう》する」など、同じ目的《もくてき》に向《む》かって、みんなが心をひとつにしてがんばることをいいます。

運動会《うんどうかい》や合唱《がっしょう》コンクールなどの行事《ぎょうじ》を思《おも》い出してみてください。クラスみんなの心がバラバラ（異心《いしん》）であったならば、うまくいきませんね。成功《せいこう》させるためには、みんなが心を合わせて協力《きょうりょく》することが必要《ひつよう》です。ことに仏道修行《ぶつどうしゅぎょう》においては、みんなが心をひとつにして精進《しょうじん》していくことが欠《か》かせません。

日蓮大聖人《にちれんだいしょうにん》さまは、

「みんなが心をひとつにして同じ目的に向《む》かってすすめば、目的を達成《たっせい》することができる。しかし、心がバラバラでは何《なに》ごとも達成することはできない」（異体同心事《いたいどうしんのこと》・御書《ごしょ》一三八九ページ取意《しゅい》）

と仰《おお》せられています。

私たちひとりひとりの力は小さいかもしれません。得意なことや性格もそれぞれ違《ちが》います。しかし、みんなが同じ目的に向かって協力し合い、助《たす》け合ってすすんでいけば、かならず目的を達成することができるのです。この姿《すがた》を「異体同心」といいます。

正しい目的《もくてき》に向かって

私たちにとって大切なことは、何を目的として異体同心するのか、ということです。

たくさんの人が団結《だんけつ》し、強い力を発揮《はっき》したとしても、その目的が正しいものでなければ意味《いみ》がありません。

それでは、私たちの信心《しんじん》の上から、真《しん》の異体同心につ

おぼえたいことば

異《い》体《たい》同《どう》心《しん》

いて考《かんが》えてみましょう。

日蓮正宗《にちれんしょうしゅう》の信心をしている私たちの大きな目的は、日蓮大聖人さまが、

「法華経《ほけきょう》の肝心《かんじん》である南無妙法蓮華経《なんみょうほうれんげきょう》を、広宣《こうせん》流布《るふ》しなさい」（撰時抄《せんじしょう》・同八三七ページ取意）

と仰せられているように、南無妙法蓮華経を全世界《ぜんせかい》に弘《ひろ》めることです。日蓮正宗の僧侶《そうりょ》と信徒《しんと》が、広宣流布という大きな目的に向かって、総本山《そうほんざん》の本門戒壇《ほんもんかいだん》の大御本尊さまと御法主上人猊下《ごほっすしょうにんげいか》さまのもとに、心をひとつにしてはげんでいくことが、真《しん》の異体同心の姿《すがた》です。

広宣流布を達成するためには、私たちひとりひとりが毎日《まいにち》の勤行《ごんぎょう》と唱題《しょうだい》をしっかりとおこない、大聖

人さまの教《おし》えを弘《ひろ》めていく折伏《しゃくぶく》を実践《じっせん》することが大事なのです。

異体同心するには

みなさんは、お寺の唱題会《しょうだいかい》に参加《さんか》していますか。もしも「家《いえ》で唱題しているから、わざわざお寺にいかなくてもよい」と思う人がいたら、それは大聖人さまが教えられている異体同心の信心ではありません。私たちが、お寺でご住職《じゅうしょく》の導師《どうし》のもと、仲間《なかま》とともにお題目を唱《とな》えることにより、異体同心の和《わ》が築《きず》かれていくのです。

大聖人さまは、

「日蓮の弟子《でし》・信徒《しんと》が異体同心であるならば、たとえ少人数《しょうにんずう》であっても大事を成《な》し遂《と》げ、かならず広宣流布《こうせんるふ》を達成《たっせい》できるのである」

（異体同心事・同ページ取意）

と仰せです。

たとえ少数《しょうすう》であったとしても異体同心すれば、広宣流布はかならず達成できる、と大聖人さまは教えてくださっています。

私たちは、お寺での唱題会に積極的《せっきょくてき》に参加し、みんなと心をひとつにして、真剣《しんけん》にお題目を唱《とな》えていきましょう。

Q. 法華講《ほっけこう》について教《おし》えて

A 日蓮大聖人《にちれんだいしょうにん》さまの教えを信《しん》じて修行《しゅぎょう》を実践《じっせん》する人の集《あつ》まりです

「講《こう》」とは、お経《きょう》を講義《こうぎ》する会を意味《いみ》したり、みんなが集《あつ》まって仏《ほとけ》さまの尊《とうと》さ、偉大《いだい》さをたたえる法要《ほうよう》のことを指《さ》し、また、同じ信仰《しんこう》をする人々の集まりを称《しょう》することもあります。

「法華講《ほっけこう》」とは、日蓮大聖人《にちれんだいしょうにん》さまの教えを正しく信じて、仏道修行《ぶつどうしゅぎょう》にはげむ人々の集《あつ》まりをいいます。これは大聖人さまが名づけられたものです。

法華講のおこり

法華講のおこりは、富士熱原地方《ふじあつわらちほう》（静岡県富士市《しずおかけんふじし》）の信徒《しんと》の活躍《かつやく》によります。

第二祖日興上人《だいにそにっこうしょうにん》さまの折伏《しゃくぶく》によって、熱原地方の他宗《たしゅう》の僧侶《そうりょ》や農民《のうみん》などが次々《つぎつぎ》と改宗《かいしゅう》し、正法《しょうぼう》を信仰するようになりました。

これを良く思《おも》わない他宗の僧《そう》と結託《けったく》した役人《やくにん》は、無実《むじつ》の信徒《しんと》をつかまえて「題目《だいもく》をやめて、念仏《ねんぶつ》をとなえよ。さもなくば処罰《しょばつ》するぞ」とおどしました。それでも、信徒たちはけっして唱題《しょうだい》をやめなかったため、その中心者《ちゅうしんしゃ》であった神四郎《じんしろう》・弥五郎《やごろう》・弥六郎《やろくろう》の三名は、ついに首《くび》をきられ、そのほかの信徒は追放《ついほう》されたのです。この迫害《はくがい》を「熱原法難《あつわらほうなん》」といいます。

不屈《ふくつ》の信心をつらぬいた弟子《でし》・信徒《しんと》の姿《すがた》をご覧《らん》になった大聖人さまは、出世《しゅっせ》の本懐《ほんがい》を遂《と》げる時が来たことを感じられ、弘安《こうあん》二（一二七九）年十月十二日、本門戒壇《ほんもんかいだん》の大御本尊《だいごほんぞん》さまを顕《あらわ》されたのです。

奉安堂《ほうあんどう》にご安置《あんち》されている本門戒壇の大御本尊さまには、

「願主《がんしゅ》弥《や》四郎《しろう》国重《くにしげ》法華《ほっけ》講衆《こうしゅう》等《とう》敬白《けいびゃく》」

と認《したた》められています。

また、日興上人さまのお手紙《てがみ》に、

「さどの国の法華講衆《ほっけこうしゅう》」

と書かれているように、七百年以上前《いじょう》から、日蓮正宗《にちれんしょうしゅう》の信徒を「法華講衆」と呼称《こしょう》されていたのです。

現在の法華講

法華講は、総本山大石寺《そうほんざんたいせきじ》と末寺《まつじ》（みなさんが所属《しょぞく》するお寺《てら》）をお護《まも》りし、お寺の信徒同士《どうし》がおたがいにはげまし合《あ》って信心をするための組織《そしき》です。

すべての日蓮正宗の信徒はかならず末寺に所属し、指《し》導教師《どうきょうし》であるご住職《じゅうしょく》・ご主管《しゅかん》の指導《しどう》のもとで信心にはげんでいます。

各支部《かくしぶ》のなかには、講中《こうじゅう》の代表《だいひょう》である講頭《こうとう》さんや、壮《そう》年部長《ねんぶちょう》さんや婦人部長《ふじん》さん、青年部長《せいねん》さん、少年部長《しょうねん》さんなど、支部を運営《うんえい》していくために活動《かつどう》する役員《やくいん》の方々がいます。

それぞれの役員さんは、大聖人さまの教えを弘《ひろ》めるため、お寺の発展《はってん》のため、みなさんの信心向上《こうじょう》のために力を尽《つ》くしておられますから、みなさんもすすんでお手伝《てつだ》いをしましょうね。

熱原三烈士顕彰碑（総本山大石寺）

Q. 御《ご》書《しょ》ってな〜に？

A 大聖人《だいしょうにん》さまが書《か》き残《のこ》された法門書《ほうもんしょ》やお手紙《てがみ》のことです

「御書《ごしょ》」とは、日蓮大聖人《にちれんだいしょうにん》さまが書《か》き残《のこ》された文書類《ぶんしょるい》をいいます。大石寺《たいせきじ》から出版《しゅっぱん》された『平成新編日蓮大聖人御書《へいせいしんぺんにちれんだいしょうにんごしょ》』には、約《やく》五百編《へん》の御書がおさめられています。

御書の内容《ないよう》

御書には、法門書《ほうもんしょ》や記録《きろく》、お手紙《てがみ》、講《こう》義書《ぎしょ》、相伝書《そうでんしょ》があります。

法門書とは、大聖人さまが仏法《ぶっぽう》の教義《きょうぎ》を説《と》かれた書《しょ》のことです。

記録とは、大聖人さまが文書《ぶんしょ》を書き写《うつ》されたものや、お経文《きょうもん》などを書きとどめられたものです。また『一代五時鶏図《いちだいごじけいず》』のように、弟子《でし》の方々《かたがた》にご法門を教《おし》えるために書かれた文書も残《のこ》されています。

そして、もっとも数《かず》が多いのが『上野《うえの》

平成新編日蓮大聖人御書

殿《どの》御返事《ごへんじ》』や『四条金吾殿御消息《しじょうきんごどののごしょうそく》』などのお手紙です。

大聖人さまのお手紙には、信徒《しんと》からの御供養《ごくよう》や手紙が届《とど》いたときに、お礼《れい》などを書かれたご返事《へんじ》や、信徒からの質問《しつもん》に答《こた》えられたもの、また弟子や信徒の信心をはげまされたものなどがあります。

次に講義書とは、大聖人さまが弟子たちに講義された内容《ないよう》をまとめられた『御義口伝《おんぎくでん》』と『御講聞書《おんこうききがき》』のことです。

また相伝書とは、『法華本門宗血脈相承事《ほっけほんもんしゅうけちみゃくそうじょうのこと》（本因妙抄《ほんにんみょうしょう》）』『具謄本種正法実義本迹勝劣正伝《ぐとうほんしゅしょうぼうじつぎほんじゃくしょうれつしょうでん》（百六箇抄《ひゃくろっかしょう》）』をはじめとする、ご相伝にかかわる重要《じゅうよう》な書物《しょもつ》です。

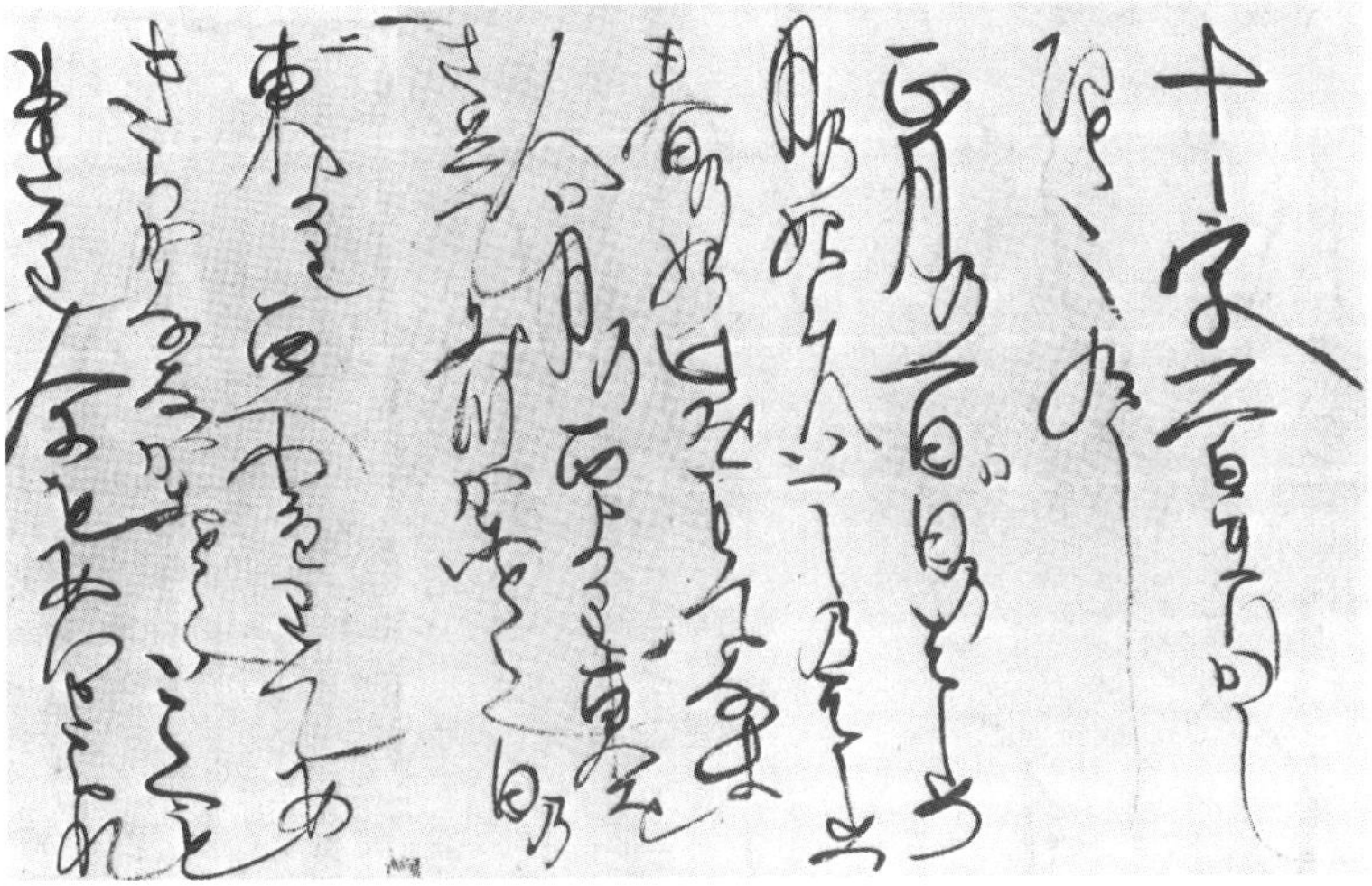

日蓮大聖人御真蹟御書
（十字御書・総本山大石寺蔵）

御書の収集《しゅうしゅう》

御書のなかには、大聖人さまが書かれたもの（御真蹟《ごしんせき》）と、大聖人さまの御真蹟を書き写されたもの（写《しゃ》本《ほん》）があります。

大聖人さまがご入滅《にゅうめつ》されてから今《こん》日《にち》まで、七百年以上《いじょう》が経過《けいか》していますが、御書がたくさん残《のこ》されているのは、第《だい》二《に》祖《そ》日興上人《にっこうしょうにん》さまのご功績《こうせき》によるものです。

大聖人さまのお手紙は、はじめは

与《あた》えられた方々がそれぞれ所持《しょじ》されており、ひとつの場《ば》所《しょ》にあったわけではありません。日興上人さまは、いろいろな所に散《ち》らばっていた大聖人さまのお手紙などを未《み》来《らい》に伝《つた》えるため、多くの御書を集められ、また書き写されました。

しかし、大聖人さまの弟子のなかには、御書を大切にしない人たちがいました。

六老僧《ろくろうそう》（日興上人さまをふくむ、大聖人さまの本弟子《ほんでし》六人のこと）のうち、日興上人さま以外《いがい》の五人（五老《ごろう》僧《そう》）は、信徒が読《よ》みやすいように大聖人さまが書かれた、かな文字《もじ》（ひらがな）の御書について、「正式《せいしき》な漢字《かんじ》ではなく、ひらがなで書かれた御書を残しておくことは、大聖人さまの恥《はじ》をさらすことになる」といって、焼《や》き捨《す》てたり、すき返し（再生紙《さいせいし》）にしてしまったのです。

一方《いっぽう》、日興上人さまは、かな文字・漢字を問《と》わず、御書のすべてがご本仏《ほんぶつ》のご金言《きんげん》であると拝《はい》されていました。

また、大聖人さまの文書を「御書」と名づけられたのは、日興上人さまなのです。

私たちが現在、多くの御書を拝読《はいどく》することができるのは、日興上人さまのおかげであることを忘《わす》れないようにしましょう。

御書《ごしょ》を拝読《はいどく》しよう

今から百年ほど前までは、現在のように一冊《さつ》にまとまった御書がありませんでした。

今、私たちが『平成新編御書』を開《ひら》いて、すぐに大聖人さまのお言葉《ことば》を拝《はい》することができるのは、本当にありがたいことなのです。

日興上人さまは『日興遺誡置文《ゆいかいおきもん》』に、

「当門流《とうもんりゅう》（日蓮正宗《にちれんしょうしゅう》）では御書を心の奥深《おくふか》くに刻《きざ》みこみ、師匠《ししょう》である代々《だいだい》の御法主上人猊下《ごほっすしょうにんげいか》さまから、その極理《ごくり》を教《おし》えていただきなさい」

（御書一八八四ページ取意《しゅい》）

と仰《おお》せです。

つまり、日蓮正宗の信仰《しんこう》は御書を真剣《しんけん》に拝読し、その教えを心に染《そ》めることが大事《だいじ》であり、そのためには大聖人さまからの血脈《けちみゃく》を受《う》け継《つ》がれている猊下さまのご指南《しなん》によって、御書の内容を正しく理解《りかい》しなければなりません。

大聖人さまが当時《とうじ》の弟子《でし》・信徒《しんと》に送《おく》られた御書は、現代《げんだい》の私たちに与《あた》えられたお言葉でもあります。常《つね》に御書を拝読して大聖人さまの教えを正しく学《まな》び、広宣流布《こうせんるふ》に向《む》かって折伏《しゃくぶく》にはげんでいきましょう。

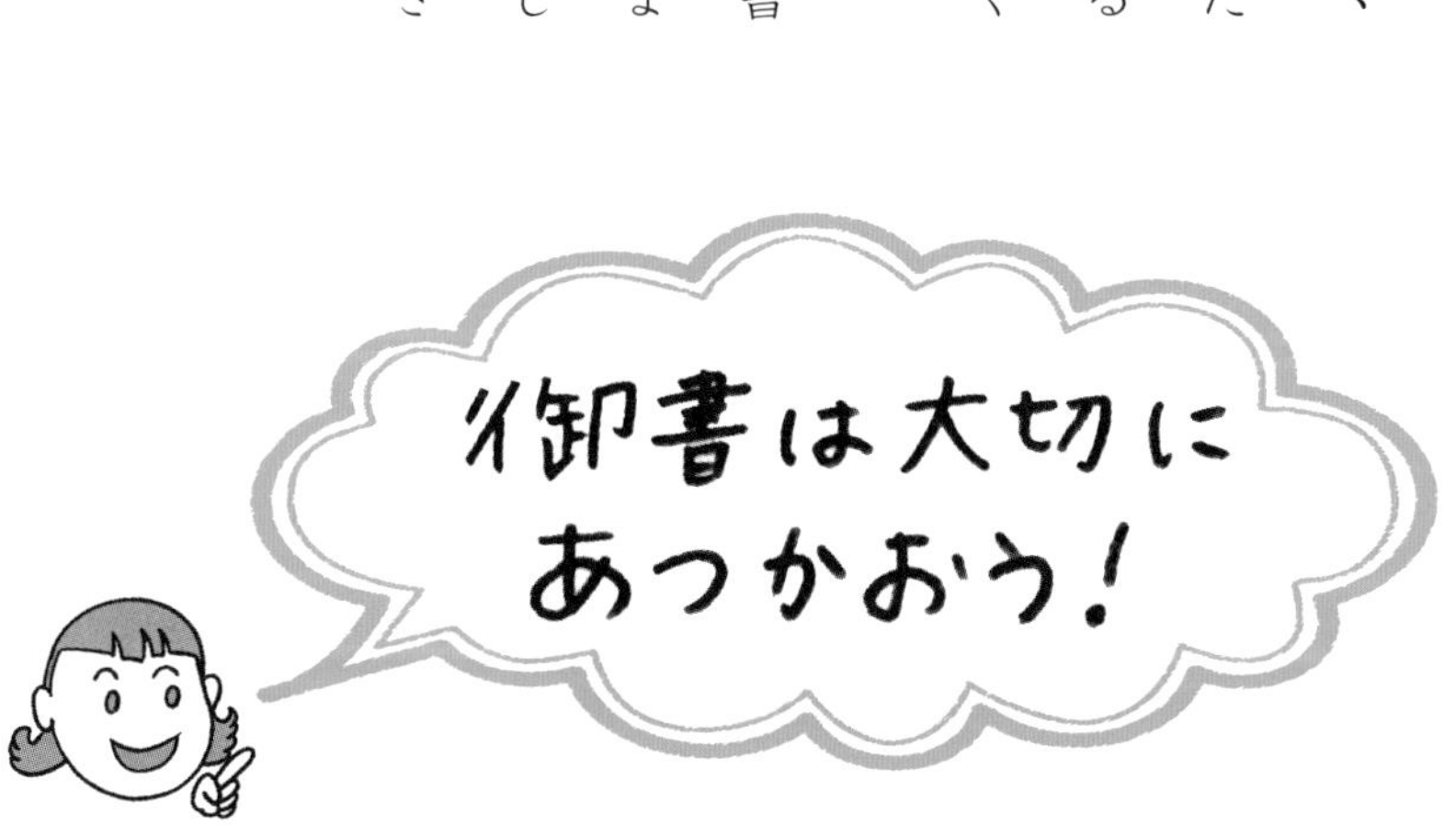

なるほどなっとくQ&A ①

――日蓮正宗の信心を学ぶ――

令和五年九月二十三日　初版発行
令和六年五月十五日　第三刷発行

編集
発行　株式会社　大日蓮出版

ISBN978-4-905522-88-1